古衣之美

沈从文——著

北京联合出版公司

只 为 优 质 阅 读

好读

Goodreads

出版说明

沈从文先生自1949年后彻底停止了文学创作，转行于历史文物研究，把满腔爱与美的热忱投入六千年间的中华文物上，专注地和坛子、罐子、绸子、缎子打了近四十年交道，取得了卓越的成就。《古衣之美》《古物之美》即从沈从文先生文物研究的著作中选取的以"古衣"和"古物"为主题的文章结集。两本书在选编过程中，参考了《沈从文全集》第28—31卷（北岳文艺出版社2002年版）。在编辑过程中，为了尊重并保持作品的原貌，除了修订原版行文中的错漏处，未对内容作大的改动，特此说明。

目 录

华夏衣冠

古代人的穿衣打扮　003
我国古代人怎么穿衣打扮　011
宋元时装　019
从文物来谈谈古人的胡子问题　027
从文物中所见古代服装材料和其他生活
　事物点点滴滴　037
《中国古代服饰研究》引言　056
关于赖文光马褂问题的一点意见　069
《红楼梦》衣物及当时种种　071

锦绣未央

蜀中锦	127
织金锦	132
谈刺绣	156
谈染缬	
——蓝底白印花布的历史发展	184
花边	194
谈皮球花	198
江陵楚墓出土的丝织品	203
关于天王府绣花帐子的时代及其产生	
原因的一点意见	207

华夏衣冠

古代人的穿衣打扮

古代人穿衣服事情,我们过去所知并不多,文献上虽留下许多记载,只因日子太久,引书证书,辗转附会,越来越不易清楚了。幸亏近年考古学家的努力,从地下挖出了大量古文物,可作参考比较,我们才得到新的认识。

由商到西周、春秋、战国,前后约一千年,大致可以分作三个历史阶段看它的演变。较早时期,除特殊人物在特种情形下的衣服式样,我们还不大明确,至于一般统治者和奴隶,衣长齐膝似乎是一种通例。由此得知,汉代石刻做的大禹像和几个历史上名王名臣像,倒还有些古意,非完全出于猜想。因为至少三千年前的商代人,就多是这个样子了。当时人已穿裤子,比后人说的也早过一千年。商代人衣服材料主要是皮革、丝、麻。由于纺织术的进展,丝、麻已占特别重要地位,奴隶主和贵族,平时常穿彩色丝绸衣服,还加上种种织绣花纹,用个宽宽的花带子束腰。奴隶或平民,则穿本色布衣或粗毛布衣。贵族男子头上已常戴帽子,是平顶筒子式,用丝绸做成，直流行到春秋战国不废。女人有把发上拢成髻，横贯一支骨簪的；也有用骨或玉做成双笄，顶端雕刻个寸来大小鸟形（鸳鸯或凤凰）两两相对，斜插头顶两侧，下垂卷发齐肩，颈项上挂一串杂色闪光玉石珠管串饰。历史上著名的美人妲己当时大致就应这么打扮。女子成年才加笄，所以称"及笄"，表示可以成婚。小孩子已有头顶上梳两个小角儿习惯，较大的可能还是编辫发。平民或奴隶有裹巾子作羊角旋斜盘向上的，有包头以后再平搭折成一方角的，还有其他好些样式，都反映在玉、铜、陶人形俑上。样子多和现在西南居住的苗、瑶族情形差不多（这不是偶然巧合，事实上很多三千年前古代图案花纹还可从西南兄弟民族编织物上发现）。许多野生植物如槐花、栀子、橡斗已用来做染料，并且还种植了蓝草，能染出各种不同的青蓝色，种茜草和紫草专染红、紫诸色。

历史上称周公制礼，衣分等级和不同用场，就是其中一项看得十分重要的事情。衣服日益宽大，穿的人也日益增多，并且当成一种新的制度看待，等级分明大致是从西周开始。统治者当时除大量占有奴隶外，还向所有平民征税，成丁人口每年必贡布二匹和一定粮食，布匹织得不合规格的不许出卖也不能纳税，聚敛日多，才能穿上宽袍大袖的衣服坐而论道。帝王和大臣，为表示尊贵和威严，祭天礼地和婚丧大事，袍服必更加庄严且照需要分别不同颜色，有些文献还提起过，天子出行也得按时令定方向，穿上不同颜色衣服，备上相当颜色车马，一切都得相互配合。皮毛衣服也按等级穿，不能逾越制度。即或是猎户猎得的珍贵狐、獭、貂鼠，也得全部贡献给统治者，私下不许随便使用或出卖。照周代制度，七十岁以上老百姓，可以穿丝绸和吃肉，但是能照制度得到好处的人事实不会多。至于一般百姓，自然还是只能穿本色麻布或粗毛布衣服，极贫困的就只好穿那种草编的"牛衣"了。

衣到西周以后变动虽大，有些方面却又不大。比如作战时武将头上戴的铜盔，从商到战国，就相差不多。甲的品种已加多了些，有犀甲、合甲、练甲，后来还发明了铁甲，最讲究贵重的是犀甲，用犀牛皮做成，上面用彩漆画出种种花纹。因为兼并战争越来越多，兵器也越来越精利，且有新兵器剑和弩机出现，甲不坚实就不抵用，"坚甲利兵"的话就由此而来。矛既十分锋利，盾也非常结实。

照周初制度，当时把全国分划成许许多多大小不等的邦国，每一个地方设一统治者，用三种特殊身份的人去担任：一是王族子弟，如召（shào）伯封于燕、周公父子封于鲁；二是有功于国家的大臣，如姜尚封于齐、熊绎（yì）封于楚；三是前代王朝子孙。这些人赴任时，除了照例可得许多奴隶，还可得一些美丽的玉器，一份精美讲究的青铜祭器和日用饮食器，以及一些专作压迫人民工具的青铜兵器，以壮观瞻的车马旗帜，另外就是那份代表阶级身份的华美文绣丝绸衣服。虽然事隔两千多年，好些东西近年都被挖出来了，有的还保存得十分完整。丝绸衣服容易腐朽，因之这方面知识也不够全面。但是由于稍晚一些已流行用陶、木作俑代替生人殉葬，又在其他材料中还保存不少形象资料，加以综合分析，比较真实情形，就慢慢地逐渐明白了。

衣服发展和社会制度有密切联系，也反映了生产发展，衣服日益讲究，数量又加多，是和社会生产发展相适应的。比如商代能穿丝绸衣服的，究竟还是少数，到西周情形便不同了，成王及周公个人，不一定比纣王穿着更奢侈，但是各地大小邦国封君，穿衣打扮却都有了种种不同排场。地方条件较好的，无疑更容易把衣服、帷帐、茵褥，做得格外华丽精美。到春秋战国时，政权下移，周王室已等于虚设，且穷得无以复加。然后五霸七雄各自发展生产，冶铜铁，修水利，平时重商品流通，战时兼并弱小，掠夺财富，对大量技术工人的掠夺占有，更促进了工艺技巧的提高，他们彼此在各方面技术的竞争，反映到上层阶级的起居服用上，也格外显明。

服装最讲究的时代是春秋战国。不仅统治者本人常常一身华服，即从臣客卿也是穿珠履，腰佩金玉，出入高车驷马。因为儒家说玉有七种品德，都是做人不可少的，于是"君子无故玉不去身"的说法，影响到社会各方面，贵族不论男女，经常必佩带上几件美丽雕玉。剑是当时的新兵器，贵族为表示武勇，兼用自卫，又必佩带一把镶金嵌玉的玉具剑。当时还流行使用带钩[1]，于是又用各种不同贵重材料，做成各种不同样子，有的用铁镶金嵌玉，有的用银镶玉嵌五彩玻璃珠，彼此争巧，日新月异。即或是打仗用的兵器，新出现的剑和发展中的戈矛，上面也多用细金银丝镶嵌成各种精美花纹和

---

[1] 古代贵族和文人武士所系腰带的挂钩，也叫犀比。带钩的质地、造型、大小和纹饰，可以称得上是一个人身份的象征。

鸟兽形文字，盾牌也画上五彩云龙凤，并镶金镂银，男子头上戴的冠，更是件引人注目的东西，精细的用轻纱薄如蝉翼，华美的用金玉，有的还高高的如一个灯台。爱国诗人屈原，文章里就提起过这种奇服和高冠。鞋子用小鹿皮、丝绸或细草编成，底子有硬有软，贵重的还镶珠嵌玉在上面。

冬天穿皮衣极重白狐裘，又轻又暖，价重千金。女子中还有用白狐皮镶有袖口衣缘作出锋，显得十分美观。

社会风气且常随有权力人物爱好转移，如齐桓公好衣紫，国人有时就全身紫衣。楚王爱细腰，许多宫女因此饿死，其他邦国也彼此效法，女子腰部多扎得细细的。女人头上装扮花样更多变化。楚国流行梳辫子，多在中部做两个环，再把余发下垂。髻子也有好些种，有梳成喜鹊尾式，有作元宝式的。女人也戴帽子，和个椭圆杯子差不多。有的又垂发在耳旁，卷成如蝎子尾式。女孩子多梳双小辫，穿齐膝短衣，下缘做成裥（jiǎn）褶。成年妇女已多戴金银戒指，并在脸颊旁点一簇三角形胭脂。照古文献记载，原都是周代宫廷一种制度，金银环表示有无怀孕，胭脂记载月经日期，可一望而知，大致到了战国已成一般装饰，本来作用就慢慢失去了。

衣服的材料越来越精细，名目也因之繁多，河南襄邑出的花锦，山东齐鲁出的冰纨、文绣、绮、缟等更是风行全国，有极好市场；和普通绢帛比价，已超过二十多倍。南方吴越出的细麻布，北方燕国产的毡裘毛布，西域胡族做的细毛花罽（jì，用毛做成的毡子一类的东西）异常精美，价值极高。楚国并且可能有了印花绸子生产，但最讲究的衣被材料，仍是华美刺绣和织锦。

衣服有许多不同式样，有的虽大袖宽袍，还不至于过分拖沓。若干地区还流行水袖长衣，依旧还有下缘，长才齐膝，头戴平顶帽子，腰系丝带和商代人相差不多情形。

最通常的衣服是在楚墓中发现的三种式样，其中一种用缠绕方式穿上，再缚根宽宽腰带，式样较古。衣边多较宽，且用锦类做缘，和记载上说的"锦为缘"相合，大致因此才不至于使过薄的衣料妨碍行动。这种式样，汉代人还有应用。又一种袖大及膝，超过比例，穿起来显得格外庄严的，可能属于特定礼服类。奏乐人有戴风兜帽的，舞人已穿着长及数尺的袖子。打猎人衣裤多扎得紧紧的，才便于在丛林草泽中活动。中原区山西河南所得细刻花纹铜器上又常发现一种戴鸱（chī）角鹊尾冠着小袖长裙衣、下裳做成斜下襞（bì）褶式样的。河南洛阳还出土过一个玉佩，上面精雕二舞女袖子长长的，腰身扎得极细，头发下垂齐肩，略略上卷，大致是当时的燕赵佳人典型式样。山西出土的陶范上则有穿齐膝花衣戴平顶帽，腰间系一丝绦，打个连环扣，带头还缀两个小绒球的，男女都穿。河南也发现这种装束大同小异的人形，且一般说是受"胡服"影响，事实上还值得进一步研究。历史上常说起赵武灵王胡服骑射影响到赵国当时军事组织和后来人生活都极大。主要影响还是"骑射"。轻骑锐进和短兵相接，才变更了传统用战车为主力的作战方法。至于"胡服"究竟是个什么样子，过去难说清楚。一说貂服即胡服，这不像是多数人能穿的，试从同时或稍后有关材料看，衣服主要特征，原来也是齐膝长短，却是古已有之。大致由于周代几百年来社会习惯，上层分子已把穿长衣当成制度，只有奴隶或其他劳动人民才穿短衣，为便于实用，赵王创始改变衣服齐膝而止和骑射联系，史官一书，便成一件大事了。胡服当然还有些其他特征，腰间皮带用个钩子固定，头上多一顶尖尖的皮或毡帽子，因为和个馄饨一样，后来人叫作"浑脱帽"，不仅汉代胡人戴它，直到唐代的西域诸胡族也还欢喜戴它。中国妇女唐初喜着胡装，因此，这种帽子还以种种不同装饰而出现于初唐到开元天宝间，相传张萱画的武则天像，就戴上那么一个帽子。晚唐藩镇时代，裴度被刺也因戴上这种毡帽幸而不死。汉代石刻也发现这种帽形，近年我们还在西北挖出几顶汉代实物，证明确是胡服特点之一。

衣装有了进一步新的变化，新的统一规格，是由秦汉起始。从几点大处说来，王公贵族因为多取法刘邦平素所喜爱的一种把前梁高高耸起向后如一斜桥的冠式，于是成了标准官帽三梁、五梁作为等级区分。此外不论男女，有官爵的腰带边必须悬挂一条丈多长褶成两叠彩色不同的组绶。女子颊边那簇三角形胭脂已不再发现，梳辫子的也有改成一环的。许多方面都已成定型。照文献说因为限制商人，做经济的穿鞋还必须左右不同色。可是一方面有种种规章制度，对商人、奴婢限制特别大，另一方面却由于生产发展影响，过不到四十年，商人抬头，不仅打破了一切限制，穿戴得和王公差不多，即其奴婢也穿起锦绣来了。情形自然显得较为复杂，说它时就不易从简单概括得到比较明确印象了。唯复杂中，还有些规律为我们掌握住了的，即汉代高级锦绣花纹，主要不过十来种，主题图案，不外从两个方面得来，一是神仙思想的反映，二是现实享乐行为的反映，因此总不外山云缭绕中奇禽异兽的奔驰，上织文字"登高明望四海"的，大致和秦始皇汉武帝登泰山封禅必有较多联系，"长乐明光"则代表宫殿名称，这些材料多发现于西北的新疆、甘肃和东北、蒙古及朝鲜，并由此得知，当时长安织室或齐地三服官年费巨万数额大量生产供赏赐臣下，并大量外输的高级丝绸，多是这种样子。

这些都是过去千年读书人不容易明白的，由于近年大量实物和比较材料的不断出土，试用真实文物和文献相互结合加以综合分析，逐渐才明白的，更新的发现无疑将进一步充实丰富我们这方面知识，并改正部分推想的错误。

我国古代人怎么穿衣打扮

商朝人多穿齐膝短衣，扎着裤脚。衣着材料除麻、葛外，已有十分细致的绸子。奴隶主贵族的衣服上，多织绣花纹，连腰带、衣领和袖口，也有花纹。贵族男子常戴帽子，有一种平顶式帽，到春秋战国还流行；汉代的"平巾帻（zé）"，就是从它发展而来。妇女多梳顶心髻，横贯一支圆骨簪；有的还在头顶两旁斜插两支顶端带小鸟形的玉簪。大姑娘梳辫子，小孩子则梳两个小丫角儿。男女贵族身上都佩玉；玉被琢成各种小动物形象，最常见的一种为玉鱼。奴隶只能穿本色粗麻布或粗毛布衣服，光头无发，有的头上包巾子，缠得高高的，和现代西南苗族人一样。

到西周，统治阶级穿衣服，日益讲究宽大。周天子坐朝、敬天、办婚丧大事，衣服各不相同；由于迷信，出行还得按季节定方向，穿不同颜色的服装，配上相当颜色的车马。穿皮毛也分等级，不能随便。猎户打得的珍贵的狐、獭、貂鼠都得全部上缴，私下不能使用，也不许出卖。一般平民，年老的在名分上虽可穿绸衣，其实何尝穿得起？也只能和奴隶一样穿粗麻布或粗毛布短衣，穷极的只好穿草编的牛衣——即冬天盖到牛身上的草编蓑衣！

春秋战国时代，贵族的生活越加奢侈，穿的衣服更加华丽，佩的玉也比前越发精致。剑是这个时期的新兵器，贵族为了自卫并表示阔气，经常还得有一把镶金嵌玉的宝剑，挂在腰间皮带上。皮带头有用铜或骨、玉做成的带钩绊住，讲究的带钩必用银镶金嵌玉做成，而且式样很多。男子成年必戴冠。贵族的冠高高上耸，有的又和个倒覆的杯子相似（古代的杯子式样多是椭圆形）。年轻妇女梳辫子，梳法多种多样。有的妇女喜戴圈圈帽，而且还在颊边点一簇胭脂点（聚成三角形），眉毛画得浓浓的。女孩梳两个大辫子，向两边分开；穿的衣长度齐膝，下沿折成荷叶边。贵族男子流行八字须，两角微微上翘。武士则喜留大毛胡子。舞人不论男女，衣袖都极长。猎户由于经常在丛林草泽中活动，衣裤特别紧小。

历史上所说的"赵武灵王胡服骑射"，所谓"胡服"，究竟是什么样子？根据现存有关材料推断，"胡服"的特征约有四点：（一）衣长齐膝，袖子很小；（二）腰间束有附带钩的皮带，可松可紧；（三）头上戴一顶用毛毡或皮革做的尖尖帽，和个馄饨差不多（后来人把它叫"浑脱帽"，到唐代还一度流行）；（四）脚上穿着短统皮靴。因为这样装束，骑在马上作战特别方便。

秦汉大一统局面出现后，衣服的式样也比较统一起来。统治者戴的冠，前梁高耸，向后倾斜，中空如桥；梁分一梁、三梁、五梁几种，上面另加金玉装饰，表示爵位等级。凡是有官爵的人，无分男女，还得把一条丈多长的丝绦（按品级颜色各不相同），折叠起来挂在右腰边，名叫"组绶"。贵族男子这时已改佩环刀。普通男子头戴巾、帻。巾子多用来包裹头发；帻则如平顶帽，上加个"人"字形帽梁（不加帽梁就叫"平巾帻"）。汉代妇女已不再点三角形胭脂，但却常用黛石画眉毛；髻子向后梳成银锭式，向上梳的多加假发。年轻姑娘依旧梳辫子，也有松松绾成一把，末后结成一小团，成个倒三角形的。这时期，衣服最贵的是白狐裘，春秋战国时就已价值千金。衣料最贵的是锦绣，上面有各种山云鸟兽花纹，比普通绸子贵二十倍。西北生产的细毛织物和西南生产的木棉布、细麻布，价格也和锦绣差不多，一匹要卖二两金子。当然，这些材料只有贵族用得起，一般劳动人民是连做梦也不敢想的。

魏晋以来，男子流行戴小冠，上下通行。"组绶"此时已名存实亡。玉佩制度也渐次失传。贵族身边的佩剑已改用木制，留个形式而已。红紫锦绣虽然依旧代表富贵，但统治阶级多欢喜穿浅素色衣服。帝王有时也戴白纱帽。一般官僚士大夫，多喜用白巾子裹头。在东晋贵族统治下的南方，普通衣料多用麻、葛，有的地方用"蕉布""竹子布""藤布"；高级的衣料是丝麻混合织物"紫丝布"和"花绤（shū）"。在诸羌胡族贵族统治下的北方，统治者还是喜欢穿红着绿，先是短衣加披风，到北魏时改为宽袍大袖，唯帽子另做一纱笼套上，名叫"漆纱笼冠"。至于普通老百姓，不论南北，都是一样，始终穿短衣。——不过北方人穿上衣有翻领的，穿裤子有在膝下扎带子的。这种装束，直到唐代还通行于西北。特别是翻领上衣，几乎成了唐代长安妇女最时髦的服装式样。

　　唐朝的服色，以柘黄为最高贵，红紫为上，蓝绿较次，黑褐最低，白无地位。由于名臣马周的建议和阎立本的设计，唐朝恢复了帝王的冕服，并制定了官服制度。官服除用不同颜色分别等级外，还用各种鸟衔各种花的图案来表示不同的官阶。通常服装，则为黑纱幞头，圆领小袖衣，红皮带（带头有等级之分），乌皮六合靴。幞头后边两条带子变化很多，或下垂，或上举，或斜耸一旁，或交叉在后，起初为梭子式，继而又为腰圆式……从五代起，这两条翅子始平直分向两边，宋代在这个基础上加以改进，便成了纱帽的定型样式。不当权的地主阶级及所谓隐逸、野老，多穿合领宽边衣，一般称为"直裰（duō）"。平民或仆役多戴尖毡帽，穿麻練鞋，且多把衣服撩起一角扎在腰间。妇女骑马出行，必戴"帷帽"，帽形如斗笠，前垂一片网帘（中唐以后此帽即少用）。女子的衣裙早期瘦而长，裙系在胸上；发髻向上高耸，发间插些小梳子，多的到五六把；面部化妆多在眉心贴个星点，眉旁各画一弯月牙。这时，中原一带的妇女喜着西域装，穿翻领小袖上衣，条纹裤，软锦蛮靴；有些妇女还喜梳蛮鬟椎髻，嘴唇涂上乌膏，着吐蕃装束。这时期，流行一种半袖短外褂，叫作"半臂"，清代的马褂和背心，都是由它发展而来。

　　赵匡胤"黄袍加身"，做了宋朝的开国皇帝，重定衣服制度，衣带的等级就有二十八种之多。黄袍成了帝王的专用品，其他任何人都不许穿，穿了就算犯罪。规定的官服，有各种不同花色。每遇大朝会或重要节日，王公大臣们必须按照各自的品级，穿上各种锦袍。

皇帝身边的御林军，也分穿不同花纹的染织绣衣。宫廷内更加奢侈，衣服、椅披、椅垫，都绣满花纹，甚至缀上珍珠。皇后的凤冠大大的，上面满是珠宝，并且还有用金银丝盘成整出王母献寿故事的，等于把一台戏搬到了头上。贵族妇女的发髻和花冠，都以大为时髦，发上插的白角梳子有大到一尺二寸的。贵族妇女的便服时兴瘦长，一种罩在裙子外面类似现代小袖对襟褂子式的大衣甚流行。衣着的配色，打破了唐代以红紫、蓝绿为主色的习惯，采用了各种间色，粉紫、黝紫、葱白、银灰、沉香色等等，配合使用，色调显得十分鲜明；衣着的花纹，也由比较呆板的唐式图案改成了写生的折枝花样。男子官服仍是大袖宽袍，纱帽的两翅平直向两旁分开，这时已成定型。便服还是小袖圆领如唐式，但脚下多改穿丝鞋。退休在野的官僚，多穿"直裰"式衫子，戴方整高巾（又名"东坡巾"或"高士巾"，明代还流行）。棉布已逐渐增多。南方还有黄草布，受人重视。公差、仆役，多戴曲翅幞头，衣还相当长，常撩起一角扎在腰带间。农民、手工业者、船夫，衣服越来越短，真正成了短衣汉了。

契丹、党项、女真族先后建立了辽、西夏、金政权，他们的生活习惯保留了浓厚的游牧民族的特色，在穿戴上和汉人不大相同。契丹、女真男子，一般多穿过膝小袖衣，长统靴子，佩豹皮弓囊。契丹人有的披发垂肩。女真人则多剃去顶发，留发一圈结成两个小辫子，下垂耳后。党项男子多穿团花锦袍，戴毡帽，腰间束唐式带子，上挂小刀、小火石等用物。女真妇女衣小袖左衽长衫，系一丝带，腰身小而下摆宽；戴尖顶锦帽，脑后垂两根带子。党项妇女多穿绣花翻领长袍。后来，由于辽、金统治者采用了宋代服制，所以契丹、女真族的装束和汉族的装束区别日益减少。绸缎也多是南方织的。

元朝的官服用龙蟒缎衣，等级的区别在龙爪的多少，爪分三四五不等，有法律规定，不许乱用。明清两代依旧这样。在元代，便服还采用唐宋式样。一般人家居，衣多敞领露胸；出门则戴盔式折边帽或四棱帽，帽子用细藤编成。蒙古族男子多把顶发当额下垂一小绺，如个小桃子式，余发分编成两个大辫，绕成两个大环，垂在耳后。贵族妇女必戴姑姑冠；冠用青红绒锦做成，上缀珠玉，高约一尺，向前上耸，和个直颈鹅头相似。平民妇女或奴婢，多头梳顶心髻，身穿黑褐色粗布、绢合领左衽袍子。长江上游已大量种植棉花，织成棉布。

明代，皇帝穿龙袍。大臣穿绣有"蟒""斗牛""飞鱼"等花纹的袍服，各按品级，不得随便。一般官服多为本色云缎，前胸后背各缀一块彩绣"补子"（官品不同，"补子"的彩绣也不同）。有品级的大官腰带间垂一长长丝绦，下面悬个四寸长象牙牌，作为入宫凭证。冬天上朝，必戴皮毛暖耳。普通衣服式样还多继承宋、元遗制，变化不大。这时结衣还用带子，不用纽扣。男子头上戴的巾，有一种像一块瓦式，名"纯阳巾"，明太祖定名为"四方平定巾"（寓意天下平定），读书人多戴它；另有一种帽子，用六片材料拼成，取名"六合一统帽"（寓意全国统一），小商贩和市民多戴它。妇女平时在家，常戴遮眉勒条；冬天有事出门，则戴"昭君套"式的皮风帽。女子有穿长背心的，这种背心样式和兵士的罩甲相近，故又叫"比甲"或"马甲"。

清代的服装打扮，不同于明代。明朝的男子一律蓄发绾髻，衣着讲究宽大，大体衣宽四尺，袖宽二尺，穿大统袜、浅面鞋；而清代的男子，则剃发垂辫（剃去周围的头发，把顶发编成辫子垂在背后），箭衣马蹄袖，深鞋紧袜。清代官员服用石青玄青缎子、宁绸、纱，做外褂，前后开衩，胸、背各缀"补子"（比明代的"补子"小一些）一方（只有亲王、郡王才能用圆形），上绣各种禽兽花纹，文官绣鸟，武官绣兽，随品级各有不同：一品文官绣仙鹤，武官绣麒麟；二品文官绣锦鸡，武官绣狮子；三品文官绣孔雀，武官绣豹子；四品文官绣云雀，武官绣老虎；五品文官绣白鹇（xián），武官绣熊……一般人戴的帽子有素冠、毡帽、便帽等几种。便帽即小帽，六瓣合缝，上缀一帽疙瘩，俗名西瓜皮帽。官员的礼帽分"暖帽"（冬天戴）、"凉帽"（夏天戴）两种，上面都有"顶子"，随着品级不同所戴的"顶子"颜色和质料也不同：一品官为红宝石顶，二品官为红珊瑚顶，三品官为亮蓝宝石顶，四品官为暗蓝宝石顶，五品官为亮白水晶顶……帽后都拖着一把孔雀翎，普通的无花纹，高级官僚的孔雀翎上才有"眼"，分一眼、二眼、三眼，眼多表示尊贵。只有亲王或对统治阶级特别有功勋的大臣才被赏戴三眼花翎。平民妇女服装，康熙、雍正时，时兴小袖、小云肩，还近明式；乾隆以后，袖口日宽，有的竟肥大到一尺多。衣服渐变宽变短。到晚清，城市妇女才不穿裙，但上衣的领子转高到一寸以上。男子服式，袖管、腰身日益窄小，所谓京样衫子，把一身裹得极紧，加上高领子、琵琶襟子、宽边大花坎肩，头戴瓜皮小帽，手拿一根京八寸小烟管，算是当时的时髦打扮。一般地主、商人和城市里有钱的市民，很多就是这样的装束。照规定，清代农民是许可穿绸纱绢缎的，可是事实上穿绫罗绸缎的仍然是那些地主官僚们、大商人们，至于受尽剥削、受尽压迫、终年辛勤难得一饱的短衣汉子们，能求勉强填满肚皮，不致赤身露体已经很不容易，哪里还能穿得上丝织品！

宋元时装

赵匡胤做皇帝后,不久就统一南中国,结束了五代十国数十年分割局面,建立了宋代政权。从长江上游的西蜀和下游的南唐吴越,得到物资特别多,仅锦缎彩帛就达几百万匹。为示威天下,装点排场,便把直接保卫他的官兵两万多人,组成一支特别仪仗队,某种官兵拿什么旗帜、武器和乐器,穿什么衣服都分别等级颜色花纹,用织绣染不同材料装扮起来,出行时就按照秩序排队,名叫"绣衣卤簿",还绘了一个图,周必大[①]加上详细说明,叫《绣衣卤簿图记》,这个队伍后来还增加到将近三万人。现在留存后人摹绘的中间一段,也近五千人,为研究宋代官服制度,保留下许多重要材料。宋代政府每年还照例要赠送亲王大臣锦缎袍料,计分七等不同花色,遇大朝会重要节日必穿上。宫廷皇后公主更加奢侈,穿的衣服常加珍珠

---

① 南宋著名政治家、文学家,"庐陵四忠"之一。

绣饰，椅披脚踏垫也用珍珠绣，头上凤冠最讲究用金翠珠玉做成种种花样，比如"王母队"就作一大群仙女随同西王母赴蟠桃宴故事。等于把一台乐舞搬到头顶，后面还加上几个镶珠嵌玉尺来长翅膀，下垂肩际，名"等肩冠"（最近在明代皇陵内也发现过这种冠）。一般贵族官僚妇女，穿着虽不如唐代华丽，却比较清雅潇洒，并且配色也十分大胆，已打破唐代青碧红蓝为主色用泥金银作对称花鸟主题画习惯，粉紫、黝紫、葱白、沉香、褐等色均先后上身。由于清明扫墓必着白色衣裙，因之又流行"孝装"，一身缟素。北宋初年，四川、江南多出彩绸，女子又能歌善舞，装束变化常得风气之先，从诗词中多有反映。部分还保留晚唐大袖长服习惯，同时已流行另外一种偏重瘦长，加上翻领小袖齐膝外衣的新装，做对襟式的加上两条窄窄的绣领。用翻领多作三角形，还和初唐胡服相近，袖口略小，如今看来，还苗条秀挺，相当美观。另外一种装束，尚加披帛，腰带间结一彩绶，各自做成种种不同连环结，其余下垂，或在正面，或在一侧，这种式样似从五代创始，直流行到南宋。装束变化之大主要在发髻，也可说是当时人对于美的要求重点，大致从三国时曹植《洛神赋》中说到的"云髻峨峨"得到启发，唐代宫廷女道士做仙女龙女装得到发展，五代女子的花冠云髻已日趋危巧，宋代再加以发展变化，因之头上真是百花竞放，无奇不有。极简单的是作玉兰花苞式，极复杂的就如《枫窗小牍》所说，赵大翁墓所见有飞鬓危巧尖新的、如鸟张翼的，以至一种重叠堆砌如一花塔加上紫罗盖头的，大致是仿照当时特种牡丹花"重楼子"做成。照史书记载，到后竟高及三尺，用白角梳也大及一尺二寸，高髻险装成一时风气，自然不免影响民间相习成风。后来政府才特别定下法律加以限制，不得超越尺寸。但是上行下效，法律亦无济于事。直到别种风气流行，才转移这种爱好。边疆区域，如敦煌一带，自五代以来多沿袭晚唐风气，使用六金钗制，在博大蓬鬓两侧，各斜插二花钗，略作横的发展，大约本于《诗经》"副笄六珈"一语而来，上接晋代"五兵佩"习惯，流行民间，直到近代。福建畲族妇女头上的三把刀银饰，还是它的嫡亲继承者。额黄靥（yè）子宋代中原妇女已不使用。西北盛装妇女还满脸贴上不以为烦。

至于演戏奏乐女人的服装，种类变化自然就更多了。从画中所见，宫中乐伎，作玉兰花苞式髻，穿小袖对襟长衫的可能属于一般宫婢，杂剧中人则多山花插头，充满民间味，如照范石湖元宵观灯诗所见，歌女中有戴个茸茸小貂帽子遮住眉额的一定相当好看。若画古代美人装束，多作成唐代仙女、龙女、天女样子，虽裙带飞扬轻举，依旧不免显得有些拖沓，除非乘云驾雾，否则可够不方便。这另外也反映一种现实，即宋人重实际精神（除了发髻外），穿衣知道如何用料经济，既便于行动也比前人美观。宋代流行极薄纱罗，真是轻如烟雾，如作成六朝人画的洛神打扮，还是不会太重的。但是当时的女道士，就不肯这么化妆，画采灵芝仙女且有作村女装束的。

当时最高级和尚，袈裟尚紫色，唯胸前一侧绊带用个小玉环，下缀一片金锦，名"拔遮那环"。宋元应用较广，影响到西藏大喇嘛，在明清古画里还保留这个制度。

契丹、女真、党项、羌族等同属中国东北、西北游牧民族，生活习惯上与中原显著不同。

西夏妇女多着唐式翻领胡服，斜领刺绣精美，统治者服饰也近似唐装，腰间束鞢韘（dié xiè，中国古代北方少数民族衣带上用以佩物的金属装饰）带，挂上小刀、小囊、小火石诸事物，头上戴的还是变形浑脱帽，普通武士则有作突厥式剃顶的。

契丹、女真本来服装一般多小袖圆领，长才齐膝，着长统靴，佩豹皮弓囊，宜于马上作战射猎。契丹男子髡顶披发，女真则剃去顶发把余发结成双辫下垂耳旁。受汉化影响，有身份的才把发上拢，裹"兔鹘巾"，如唐式幞头，却不甚讲究款式，唯间或在额前嵌一珠玉为装饰。妇女着小袖斜领左衽长衫，下脚齐踵，头戴金锦浑脱帽，后垂二锦带，下缀二珠。其腰带也是下垂齐衣，唯不做环。契丹和女真辽金政权均设有"南官"多兼用唐宋官服制度。契丹即起始用不同山水鸟兽刺绣花纹，分别官品，后来明清补服，就是承继旧制而来。金章宗定都燕京后，舆服制度更进一步采用宋式，区别就益少了。至于金代官制中用绸缎花朵大小定官位尊卑，最小的只许用无纹芝麻罗，明清却不沿用。但衣上用龙，元代即已有相当限制。分三四五爪不等，严格规定，载于典章。明代即巧立名目，叫"蟒""斗牛"等等，重作规定，似严实滥。

同时契丹或女真男子服装，因便于行动，也已为南人采用，例如当时力主抗金收复失地的岳飞、韩世忠等中兴四将，身边家将便服，除腰袱外，就几乎和金人无多大分别，平民穿的也相差无几，彼此影响原因虽不尽同，或为政治需要，或从生活实际出发，由此可知，民族文化的融合，多出于现实要求，即在民族矛盾十分剧烈时亦然（总的看来，这种齐膝小袖衣服，说它原属全中国各民族所固有，也说得过去，因为事实上从商代以来，即出现于各阶层人民中）。这时期劳动人民穿的多已更短了些，主要原因是生产虽有进展，生活实益贫穷，大部分劳动成果都被统治者剥削了，农民和渔夫已起始有了真正"短衣汉子"出现。

社会上层衣服算是符合常规的，大致有如下三式：

（一）官服——大袖长袍还近晚唐，唯头上戴的已不相同，作平翅纱帽，有一定格式。

（二）便服——软翅幞头小袖圆领还用唐式，唯脚下已由乌皮六合靴改成更便利平时起居的练鞋。

（三）遗老黄冠之服——合领大袖宽袍，用深色材料缘边，遗老员外多戴高巾子，方方整整。相传由苏东坡创始，后人叫作"东坡巾"。明代老年士绅还常用它。有身份黄冠道士，则常用玉石牙角做成小小卷梁空心冠子，且用一支犀玉簪横贯约发，沿用到元明不废，普通道士椎髻而已。

男仆虽照制度必戴曲翅幞头，但普通人巾裹却无严格限制。女婢丫环，头上梳鬟或丫角又或束作银锭式，紧贴耳边，直流行到元代。

至于纺织物，除丝织物中多已加金，纱罗品种益多，花纹名目较繁。缎子织法似应属于新发明。锦的种类花色日益加多，图案配色格外复杂，达到历史高峰。主要生产还在西蜀。纱罗多出南方，罗缎名目有加"番"字的，可知织法不是中原本来所固有。锦名"阇婆"，更显明从印度传来。"白鹫"出于契丹，也为文献提到过。雨中出行已有穿油绸罩衣的。

这时期并且起始有棉织锦类，名叫"木锦"。至于"兜罗锦""黎单"等西南和外来织物也是花纹细致的纺织品，練子则是细麻织品。"点蜡幔"是西南蜡染。一般印花丝绸图案，已多采用写生折枝花，通名生色折枝，且由唐代小簇团窠改为满地杂花。唯北宋曾有法律严禁印花板片流行，只许供绣衣卤簿官兵专用，到南宋才解禁，得到普遍发展。临安市销售量极大的彩帛，部分即指印花丝绢。时髦的且如水墨画。北宋服饰加金已有十八种名目，用法律禁止无效。北宋时开封女人喜用花冠绣领，在大相国寺出售最精美的多是女尼姑手作，反映出宗教迷信的衰歇，庵中女尼姑已不能单纯依靠信徒施舍过日子，必须自食其力方能生存，和唐代相比已大不相同了。统治者虽耗费巨万金钱和人力，前后修建景灵宫、玉清昭应宫、绛霄宫等，提倡迷信，一般人还是日益实际，一时还流行过本色线绣，见于诗人陆游等笔记中。

高级丝织物中除锦外，还有"鹿胎""紧丝""绒背"和"透背"，四川是主要产地。这些材料，内容还不够明确。"鹿胎"或是一种多彩复色印花丝绸。"绒背"或指一种绒缎、绒纱，近似后来花绒。"透背"可能就是刻丝。这些推测还有待新的发现才能证明。捻金锦缎的流行增加了锦缎的华美，灯笼图案锦且影响到后来极久。"八答晕锦"富丽多彩已达锦类艺术高峰。一种用小梭挖织的刻丝，由对称满地花鸟图案，进而仿照名画花鸟，设计布色，成为赏玩艺术新品种。技术的流传，西北回族织工贡献较多。南方还有"黄草心布""鸡鸣布""綀子"和"红蕉布"，特别宜于暑中使用。由于造纸术有进一步提高，因此作战用衣甲，有用皮纸做成的，又用纸做帐子，也流行一时。

元代朝廷在全中国设了许多染织提举司，统制丝毛织物，并且用一种严酷官工匠制度督促生产，用捻金或缕金织成的锦缎"纳石失"和用毛织成的"绿贴可"，当时是两种有特别代表性的产品，丝绸印染已有九种不同名目，且有套染三四次的，毛织物毡罽类利用更多，《大元毡罽工物记》里还留下六十多种名目。为便于骑射，短袖齐肘的马褂起始流行。

元代南人官服虽尚多用唐式幞头圆领，常服已多习于合领敞露胸式。蒙古人则把顶发当额下垂小绺，或如一小桃式，余发总结分编成两大环，垂于耳边，即帝王也不例外。妇女贵族必头戴姑姑冠，高过一尺向前上耸，如一直颈鹅头，用青红绒锦做成，上饰珠玉，代表尊贵。衣领用纳石失金锦缘边，平民奴婢多椎髻上结，合领左衽小袖，比女真略显臃肿，贵族穿得红红绿绿，无官职平民就只许着褐色布绢，唯平民终究是个多数，因此褐色名目就有二十四种，元代至元年间，才正式征收棉花税，可知江南区比较大量种植草棉，棉布在国内行销日广，也大约是这个时期。

四棱藤帽为元代男子所通用，到明代就只某种工匠还使用了。

另外一种折腰样盔帽，元代帝王有用银鼠皮做成的，当额或顶部常镶嵌价值极贵的珠宝。到明代差役的青红毡帽还采用这个样式，正和元代王公重视的"质孙宴"团衫，与明清之差役服式差不多，前一代华服到后一代成为贱服，在若干历史朝代中，几乎已成一种通例。

从文物来谈谈古人的胡子问题

《红旗》十七期上,有篇王力先生作的《逻辑和语言》文章,分量相当重。我不懂逻辑和语言学,这方面得失少发言权。唯在末尾有一段涉及胡子历史及古人对于胡子的美学观问题,和我们搞文物所有常识不尽符合。特提出些不同意见商讨一下,说得对时,或可供作者重写引例时参考,若说错了,也请王先生不吝指教,得到彼此切磋之益。

那段文章主要计三点,照引如下:

一、汉族男子在古代是留胡子的,并不是谁喜欢胡子才留胡子,而是身为男子必须留胡子。

二、古乐府《陌上桑》说:"行者见罗敷,下担捋髭须。"可见当时每一个担着担子走路的男子都是有胡子的。

三、胡子长得好算是美男子的特点之一,所以《汉书》称汉高祖"美须髯"。

王先生说的"古代"界限不明白，不知究竟指夏、商、周……哪一朝代，男子必须留胡子？有没有可靠文献和其他材料足证？

其次，只因为乐府诗那两句形容，即以为古代每一个担着担子走路的男子都是有胡子的，这种推理是不是能够成立？还是另外尚有可靠证据，才说得那么肯定？

其三，即对于"美须髯"三字的解释，照一般习惯，似乎只能做"长得好一部胡子"的赞美，和汉魏时"美男子"特点联系并不多。是否另外还有文献和别的可作证明？

文中以下还说："到了后代，中年以后才留胡子。"照文气说，后代自然应当是晋南北朝、唐、宋、元、明、清了，是不是真的这样？还是有文献或实物可作证明？

私意第一点概括提法实无根据，第二点推想更少说服力，第三点对于文字解说也不大妥当。行文不够谨严，则易滋误会，引例不合逻辑，则似是而非，和事实更大有出入，实值商讨。

关于古人胡子问题，类书讲到不少，本文不拟做较多称引，因为单纯引书并不能解决具体问题。如今只想试从文物方面来注意，介绍些有关材料，或许可以说明下述四事：一、古代男子并不一定必须留胡子。二、胡子在某一历史时期，由于社会风气或美学观影响，的确逐渐被重视起来了，大体是什么式样？又有什么不同发展？文献不足证处，我们还可以从别的方面取得些知识。中古某一时期又忽然不重视，也有社会原因。三、美须髯在某些时期多和英武有关，是可以肯定的，可并不一定算美男子。有较长时期且恰恰相反，某些人胡子多身份地位反而比较低下。可是挑担子的却又绝不是每人都留胡子。四、晋唐以来胡子式样有了新的变化，不过中年人或老年人，即或是名臣大官，也并不一定留它。这风气直继续到晚清。

首先可从商代遗留下的一些文物加以分析。故宫有几件雕玉人头，湖南新出土一个铜鼎上有几个人头，另外传世还有几件铜刀、铜戈、铜钺上均有人的头形反映，又有几个陶制奴隶俑，在河南安阳被发掘出来，就告诉我们殷商时期关于胡子情况，似乎还无什么一定必须规矩。同是统治者，有下巴光光的，也有嘴边留下大把胡子的。而且还可以用两个材料证明胡子和个人身份地位关系不大，因为安阳出土一个白石雕刻着花衣戴花帽的贵族，和另外一个手戴桎梏的陶制奴隶，同样下巴都是光光的（如果材料时代无可怀疑，我们倒可用作一种假说，这时期人留胡子倒还不甚多）。

春秋战国形象材料新出土更多了些。较重要的有：一、山西侯马发现那两个人形陶范，就衣着看，显明是有一定身份的男子，还并不见留胡子的痕迹。二、河南信阳长台关楚墓出土一个彩绘漆瑟，上面绘有些乐舞、狩猎和贵族人物形象，也不见有胡须模样。三、近二十年湖南长沙大量出土战国楚墓彩绘木俑，男性中不论文武打扮，却多数都留有一点儿胡须，上边作两撇小小"仁丹胡子"式，或者说"威廉"式，尖端微微上翘，下巴有的则留一小撮，有的却没有保留什么。同一形象不下百十种，可知和当时某一地区社会爱好流行风气，必有一定关系，并不是偶然事情（如艺术家用来作屈原塑像参考，就不会犯历史性错误）。但其中也还有好些年纪大但并不留胡子的。另外故宫又还有个传世补充材料足资参考，即根据《列女传》而作的《列女仁智图》卷上有一系列春秋时历史著名人物形象，其中好几位都留着同样仁丹式八字胡须，亦有年逾不惑并不留胡子的。这画卷传为东晋顾恺之稿。若从胡子式样联系衣冠制度分析，原稿或可早到西汉，即根据当时的四堵屏风画稿本而来（也许还更早些，因为胡子式样不尽同汉代）。另外又还有一个河南洛阳新出两汉壁画，绘的也是春秋故事，作二桃杀三士场面，这应当算是目下出土最古的壁画。由此得知当时表现历史人物形象的一点规律，如绘古代武士田开疆、古冶子时，多作须髯怒张形象，用以表示英武。武梁祠石刻也沿此例。此外反映到东汉末绍兴神像镜上的英雄伍子胥和山东沂南汉墓石刻上的勇士孟贲，以及较后人作的《七十二贤图》中的子路，情形大都相同。如作其他文臣名士，则一般只留两撇小胡子，或分张，或下垂，总之是有保留有选择的留那么一点儿。其余不问是反映到长沙车马人物漆奁上，还是辽宁辽阳营城子汉墓壁画上，和朝鲜出土那个彩绘漆竹筐边缘孝子传故事上，都相差不太远。同时也依旧有丝毫不留的。即此可知，关于古代由商到汉，胡子去留实大有伸缩余地，有些自觉自愿意味，并不受法律或一定社会习惯限制。实在看不出王先生所说男子必须留胡子情形。

至于汉魏之际时代风气，则有更丰富的石刻、壁画、漆画、泥塑及小铜铸像可供参考。很具体反映出许多劳动人民形象，如打猎、捕鱼、耕地、熬盐、舂碓、取水、奏乐以及好些在厨房执行切鱼烧肉的大司务，极少见有留胡子的。除非挑担子的是另一种特定人物，很难说当时每个挑担子的却人人必留胡子！那时的确也有些留胡子的，例如：守门的卫士、侍仆以及荷戈前驱的伍伯，即多的是一大把胡子，而统治者上中层本人，倒少有这种现象。即有也较多作乐府诗另外两句有名叙述："为人洁白皙，鬑鬑颇有须。"不多不少那么一撮儿样子。可证王先生的第三点也不能成立，因为根据这些材料，即从常识判断，也可知当时封建统治者绝不会自己甘居中下游，反而让他的看门人和马前卒上风独占做美男子！

其实还有个社会风气形成的相反趋势继续发展颇值得注意，即魏晋以来有一段长长时期，胡子殊不受重视。原因多端，详细分析引申不是本文目的。大致可说的是它和年轻皇族贵戚及宦官得宠专权必有一定关系。文献中如《后汉书·宦者传》《汉书·佞幸传》《外戚传》和干宝《晋纪总论》《晋书·五行志》《抱朴子》《世说新语》《颜氏家训·勉学篇》，以及乐府诗歌，都为我们记载下好些重要可靠说明材料。到这时期美须髯不仅不能成为上层社会美的对象，而且相反已经成为歌舞喜剧中的笑料了。《文康舞》的主要角色，就是一个醉意朦胧大胡子。此外还有个弄狮子的醉拂菻（fú lǐn，中国古代对东罗马帝国的称谓），并且还是个大胡子洋人！我们能说这是美男子特征吗？不能说的。

其实即在汉初，张良的貌如妇人和陈平的美如冠玉，在史传记载中，虽并不见得特别称赞，也就看不出有何讥讽。到三国时，诸葛亮为缓和关羽不平，曾有意说过某某"不如髯之超群绝伦"。然而《典略》却说，黑山黄巾诸帅，自相号字，饶须者则自称"羝根"。史传记载曹操见匈奴使者，自愧形质平凡，不足以服远人，特请崔琰代充，本人即在一旁捉刀侍卫。当时用意固然以为是崔琰长得魁伟，且有一部好胡子，具有气派，必可博得匈奴使者尊敬。但是结果却并不成功。因为即使脸颊本来多毛的匈奴使者被曹操派人探问进见印象时，便依旧是称赞身旁捉刀人为英挺不凡，并不承认崔琰品貌如何出众！魏晋以来胡子有人特别爱重是有记录的，如《晋书》称张华多姿，制好帛绳缠须；又《南史》说崔文仲尝献齐高帝缠须绳一枚；都可证明当时对于胡子有种种保护措施，但和美男子关系还是不多。事实正相反，魏晋之际社会日趋病态，所以"何郎敷粉，荀令熏香"，以男子而具妇女柔媚姿态竟为一时美的标准。史传叙述到这一点时，尽管具有深刻讥讽，可是这种对于男性的病态审美观，在社会中却继续发生显明影响，直到南北朝末期。这从《世说》记载潘安上街，妇女掷果满车，左思入市，群妪大掷石头故事及其他叙述可知。总之，这个时代实在不大利于胡子多的人！南朝诗人谢灵运，生前有一部好胡子，死后捐施于南海祇洹寺，装到维摩诘塑像上，和尚虽加以爱护，到唐代却为安乐公主斗百草剪去做玩物，还可说是人已死去，只好废物利用，不算招难。然而五胡十六国方面，北方诸胡族矛盾斗争激烈时，历史上不是明明记载过某一时期，见鼻梁高胡子多的人，即不问情由，咔嚓一刀！

到北魏拓跋氏统一北方后，照理胡子应受特别重视了，然而不然。试看看反映到大量石刻、泥塑和壁画上的人物形象，就大多数嘴边总是光光的，可知身属北方胡族，即到中年，也居多并不曾留胡子。传世《北齐校书图》作魏收等人画像，也有好几位没有胡子，画中胡子最多还是那位马夫。

至于上髭由分张翘举而顺势下垂，奠定了后来三五绺须基础，同时也还有到老不留胡子的，文献不足证处，文物还是可以帮忙，有材料可印证。除汉洛阳画像砖部分反映，新出土有用重要材料应数近年河南邓县南朝齐梁时画像砖墓墓门那两位手拥仪剑，身着裲裆铠，外罩大袍的高级武官形象。其次即敦煌二二〇窟唐贞观时壁画维摩变下部那个听法群众帝王行从图一群大臣形象。这个壁画十分写实，有可能还是根据阎立本兄弟手笔所绘太宗与弘文馆十八学士等形象而来，最重要即其中有几位大臣，人已早过中年，却并不留胡子。有几位即或相貌英挺，胡子却也老老实实向下而垂。总之，除太宗天生虬髯为既定事实，画尉迟敬德作毛胡子以示英武外，始终还看不出胡子多是美男子特点之一的情形。一般毛胡子倒多依旧表现到身份较低的人物身上，如韩幹《双马图》那个马夫，《萧翼赚兰亭图》那个烹茶火头工，陕西咸阳底张湾壁画那个手执拍板的司乐长，同样在脸上都长得是好一片郁郁青青！

那么是不是到中唐以后，社会真有了些变迁，如王先生所说人到中年必留胡子？事实上还是不尽然。手边很有些历代名臣画像，因为时代可能较晚，不甚可靠，不拟引用。宋人绘的《香山九老图》，却有好些七八十岁的名贤，下巴还光光的。此外《洛阳耆英绘图》和《西园雅集图》，都是以当时人绘当时事，应当相当可靠了，还是可见有好些年过四十不留胡子的,正和后来人为顾亭林、黄梨洲、蒲留仙①写真差不多。

就这个小小问题,从实际出发,试作些常识性探索,个人觉得也很有意义。至少就可以给我们得到以下几点认识:

一、胡子问题虽平常小事,无当大道,难称学术,但是学术的专家通人,行文偶尔涉及它的历史时,若不做点切实的调查研究,就不可能有个比较全面具体的认识。如只从想当然出发,引申时就难于中肯,而且易致错误。

二、从文物研究古代的梳妆打扮、起居服用、生产劳作和车马舟舆的制度演进,及其应用种种,实在可以帮助我们启发新知、校订古籍,得到许多有益有用的东西,值得当前有心学人给予一点应有的注意。古代事情文献不足征处太多,如能把这个综合文物和文献的研究工作方法,提到应有认识程度,来鼓励一些学习文史、有一定文献知识的年轻少壮,打破惯例,面对近十年出土文物和传世文物,分别问题,大胆认真摸个十年八年,中国文化史研究方面有许多空白点或不大衔接处,一定会可望到许多新发现和充实。希望新的学术研究有新的进展,首先在研究方法上必须有点进展,且有人肯不怕困难,克服困难,来做做闯将先锋!

三、从小见大,由于中国历史太长,任何一个问题,孤立用文

---

① 即顾炎武、黄宗羲、蒲松龄。

献求证，有很多地方都不易明白透彻。有些问题或者还完全是空白点，有些又或经后来注疏家曲解附会，造成一种似是而非印象，有待纠正澄清，特别是事事物物的发展性，我们想弄清楚它求个水落石出，势必需把视野放开阔些，搁在一个比较扎实广博的物质基础上，结合文物和文献来进行，才会有比较可靠的新的结论，要谈它，要画它，要形容说明它，才可望符合历史本来面目！

至于这种用文物和文献互相结合印证的研究方法，是不是走得通？利中是否还有弊？我想从结果或可知道。以个人言，思想水平既低，古书读得极少，文物问题也只不过是懂得一点皮毛，搞研究工作，成就自然有限。即谈谈胡子问题，总还是不免会错，有待改正。但是如国内文史专家学人，肯来破除传统研究文史方法，注意注意这以百万计的文物，我个人总深深相信，一定会把中国文化研究带到一个崭新方向上去，得到不易设想的新的丰收！

附 记

两月前见南方报上消息，有很多艺术专家，曾热烈讨论到作历史画是否需要较多历史背景知识，这些知识是否重要，例如具体明白服饰家伙等等制度。可惜不曾得见全部记录。我对艺术是个外行，因此不大懂得，如果一个艺术家，不比较用个实事求是的态度来学学历史题材中的应有知识，如何可以完成任务的情形。我只照搞文物的一般想法，如果鉴定一幅重要故事画，不论是壁画还是传世卷册，不从穿的、戴的、坐的、吃的、用的、打仗时手中拿的、出门时骑的、乘的……全面具体去比较求索，即不可能知道它的内容和相对年代。鉴定工作要求比较全面，还得要这些知识。至于新时代作历史画塑去教育人民，如只凭一点感兴来动手，如何能掌握得住应有历史气氛？看惯了京戏，和饱受明清版刻和近代连环画熏陶的观众，虽极容易感到满意，艺术家本人，是不是也即因此同样感到满意？我个人总是那么想，搞历史题材的画塑，以至搞历史戏的道具设计同志，如把工作提高到应有的严肃，最好是先能从现实主义出发，比较深刻明白题材中必须明白的事事物物，在这个基础上再来点浪漫主义，加入些个人兴会想象，两结合恰到好处，成绩一定会更加出色些。到目前为止，我们一般历史画塑实在还并未过关，这和艺术家对于这个工作基本态度有关，也和我们搞文物工作的摸问题不够细致深入、提参考资料不够全面有关。因为照条件，本来可以比《七十二贤图》《五百名贤图》《水浒叶子》《晚笑堂画传》等大大跃进一步，事实上还不易突破。于是画曹操还不知不觉会受郝寿臣扮相影响，作项羽却戴曲翅幞头着宋元衣甲如王灵官，不免落后于时代要求。今后让我们共同做更好些协力合作，来过这一关吧！

从文物中所见古代服装材料和其他生活事物点点滴滴

人人都穿衣吃饭,关于古代这方面问题,我们知识却不大具体。尽管在奴隶社会阶段,统治阶级的剥削基础,就和粮食布帛聚敛分不开,先秦文献中还留下许多记载。不过孤立从文献求索,总不大好办,特别是关于发明与发现多不足信。文献不足征处,更不免茫然。因此历来专家学人,不外用两种态度对待:一是"信古",肯定旧传说,增饰新附会,把一切发明与发现都归功于个人,《古今注》《路史》《事物纪原》等因之产生。二是"疑古",觉得古代事难言,不加过问。影响到后来,于是人多乐意务虚,抽象谈社会结构。至于从务实出发,做探讨工作的便较少。经过近年考古工作者共同的努力,古代人从新石器时代或更早一些起始,如何使用木、石、骨、角工具,慢慢学会种植庄稼,驯养六畜,改善定居生活条件;同时又适应这个新的需要,发明陶器,来处理谷物成为熟食。谷物类生产品种是些什么也有了比较明确知识。而陶器则由烹煮食物进而为熔金铄石,冶炼出金铜铅银铁,生产工具因之又如何逐渐演进。有关吃的问题,凡事从实际出发，慢慢地便理出点头绪来了。至于穿衣打扮事情，还是不大搞得清楚。现在想就出土文物，初步试来做些常识性综合分析。至于进一步深入探索，抛砖引玉，实有待海内专家学人共同努力！

史传称伯余作衣，又说黄帝垂衣裳而天下治。至于养蚕，则推为黄帝妃子嫘祖所发明。这种种和其他一切发明，极少有人否认过。事实上它和别的生产发明相差不多，全是由于古代人民共同需要，和自然长期斗争，劳动经验逐渐积累得来，绝不是某一人能凭空发明的！但是衣的定型制作出一定式样，在原始社会组织取得一定进展后，随同形成一种习惯，却是有可能的。

根据四川资阳人遗物中一根细长完整的骨针，我们可推想当时人就为了御寒和生产上的便利，已有了穿衣服的要求。因为针的发明是满足这种要求而出现的。如果这支骨针和其他遗物确在同一地层，那已经是过若干万年的事情了。当时穿的是兽皮还是植物纤维的布匹？我们还少知识。但是针孔相当细，绝不会是皮革割成的小条子能通过的，因此捻取细纤维做线的技术，也必在有孔纺轮出现以前，即已掌握。而布的起源，实从编织渔网得到进展，编网知识又系从蜘蛛结网得到启示，《淮南子》所说，倒还有点道理！早期的织机可能是"地机"，原物虽未发现，近年云南石寨山出土铜器上，却还留下些二千年前的式样，现代我国比较偏僻的生产落后区域，也还留下些活的标本，一般还是坐在地下织的。综、筘（kòu）、梭子发明以前，提线必用手，压线则借重骨或石工具，编织较窄的腰带，牛肋骨已极得用。若织面阔及尺的布，即嫌压线不紧实。因此地下发现较长大薄刃石刀具，古代除了使用它来鞣制皮革，可能也和织机压线发生联系。后来由石到玉进而成璋或某一式圭，则已在实用外兼有象征性。但是海南岛一类地区，却在十八世纪，还用作织布工具！琮的应用出现较晚，一般大型青云琮，多长约八寸，外方内圆，分段刻画纹道。照史志所说，为妇女所主，为祭中溜之神物。如联系纺织周代以来即称为"妇功"，而琮的应用，近人以为和织机或有一定关系，推测或许还近理。这类大型玉琮多传为周代礼器，如和织机关系密切，则显然这是一种西周以来出现的坐式竖机了。因为地机卷轴是用不上的。从琮的出现，我们还可看出人类最早的垂腿而坐，和生产劳动关系十分密切。织布以外车磨铜器，雕琢玉器，为操作便利，大都有近似织机需要，即共同促进了古人生活习惯的改变，实和生产需要有一定关系。这自然只是一种推想，因为唯一证据，只有汉石刻几个机织形象，包括了曾母投梭、孟母教子和天孙织锦一些故事传说的图像在内。至于第二阶段坐具的进一步改变和妇女专用鼓式墩子的产生，则显然是由战国熏香笼簝汉代熏笼演进而来，而社会上得到认可成为一般起居习惯，已是唐宋时事了。笼簝多编竹而成，或有两式，应用虽始于战国，盛行于汉晋之际，留下较早的形象，却只有在北朝石刻上可发现，做成腰鼓式。唐代有个三彩女俑，坐的还是相同样子。到宋代则一般作墩子式了。直到明代，不问法花瓷或处州青瓷，或描金雕漆，墩子依旧必下部镂空，上面绘饰成一块绣帕四角下垂样子，还是照熏笼做成。

《尔雅》是中国二千三四百年前一部古文字学专书，内中有许多记载都十分重要。关于古代养蚕业的进展，也有较新较现实提法。称蚕有萧、艾、柞、桑等等不同品种，即反映一种社会发展的真实，说明养蚕知识的获得，是经过许多人用各种草木叶子在长期试验下，才明白山蚕宜在柞树上放养，家蚕必饲桑叶才会有较好收成的。从这一认识前提出发，结合文献，我们说穿衣当成一种社会制度，养蚕当成一种社会生产，大约是在由分散的部族社会到那个部落联盟的原始社会成熟期的黄帝时代才逐渐形成，同样的话却有了较深刻意义！至于当时人究竟如何穿衣，文献叙述多出于周代史官，必须把保留在较前或较后各种形象材料加以印证，才可望得到些比较近真落实的印象。

史称三皇五帝，历世绵邈，有关形象知识，目下我们只能从一千八百多年前一些汉代石刻得到点滴。结绳记事燧人取火的情形，虽近于汉人想象，武氏石刻把五帝却画得相当古朴，即同样出于想象，究竟比单纯文献有意思得多。因为那几个人的衣服式样和近年出土三千年前殷商时代的还有个共通点，一般特征为齐膝长短，穿裤子（若照某些传记述说，则汉代人才穿裤子），为便于行动和劳作，说这种衣装和原始社会生活要求相适合，大致不会太错的。

商代还有如下一些材料可以比证参考：

一、两个雕玉人头像，重要在他们的头上装饰。男子戴平顶帽子，初看似乎有些令人相信不过，其实形象并不孤立存在，同时或稍后，这种帽子都有发现。女的重要是她的发式，借此明白头上骨或玉笄的应用,商代至少已有二凤相对竖插和一支横撇两式。双笄对插比较讲究。曹植诗"头上金雀钗"反映到《女史箴图》中的情形,还是商代用笄制度的沿袭。下垂蚩(chài)尾卷发,直到战国还有地方妇女习用。只可惜背后不知如何处理。这些精美雕玉正产生于历史上的纣王妲己时代。至于纣王形象,目前还只有日本学人过去在朝鲜发掘的汉墓里一个彩绘漆筐边沿上发现那一位。他正坐在一个有屏风的矮榻上,像旁还明署"纣王"二字,两手作推拒状,做成《史记》所称"智足以拒谏,辩足以饰非"的神气。神气虽还活泼,可是个标准汉代贵族样子。至于妲己的装束如需要复原,从那个雕玉女人头像,却可得到较多启发!

第二是这个白石雕刻的人形,头戴锦帽,身穿锦衣,是有点醉意朦胧样子。如不是个最高奴隶主,也应是个贵族。但亦可能只是随身奴仆,因为用珠玉饰狗马,在商代墓葬中即已发现,一个奴隶弄臣穿得花花绿绿,是不足为奇的。衣服肯定原仿锦绣而做,从联系和发展得知道。商代的铜簋、白陶壶和较后一时的铜车轴头、镜背、空心砖边沿,都有相同装饰纹样出现。一个长沙出土的战国彩俑,衣边上且分明画上这种花纹,恰和文献中"锦为沿"相符。(真正的锦缎只早到唐宋,名字或应当叫矩纹锦。它的织法实源远流长。至于为什么较早的锦是这种连续矩纹,我们说,大致和编织竹簟有关,和宋代青绿簟纹锦同源异流。竹簟用连续矩纹或方胜格子,技术操作比较容易。)商代已能织出极薄的绸子,也能织出有花纹的锦缎,但较多人的身上,大致还是穿本色麻葛或粗毛布衣服。一般奴隶或俘虏身份的人，如像第三个手负桎梏的一位，穿的自然是件粗布衣。

两者身份地位尽管不同，衣服长短过膝，倒像是共通趋势。这一点相当重要，因为承认衣才齐膝或过膝原是一种传统制度，我们才不至于把春秋战国时出现的这种衣服，不求甚解一例归入"胡服"。

第四五都是雕玉，出土情形不太明确。给我们启发是他们头上巾子和西南苗彝族装束那么巧合。其实若从图案花纹去探索，用商代规矩图案和近代苗彝编织物图物比较，相同处我们发现将更多！这不足为奇，生产条件和工具决定了生产式样，也有时形成了美的意识，这是过去我们较少注意到，目前却明白了的。

西周是个讲究制度排场的时代，史称周公制礼作乐不会完全是空谈。一面是宗法社会的建立，确定等级制度排场有其必要性。另一面由于生产发展，丝、布、铜、漆日益加多集中到王室贵族中，有了个物质基础。因此周公尽管提倡节俭，要贵族子弟明白稼穑之艰难，可是打发诸侯封君就国，还是除沿例领取大片封地、占有大量农奴外，并且还可得到一些手工业奴隶，又可得到特赐一份华美衣服、车马旗帜、宗庙祀事礼乐铜器，以及作为压迫工具和象征权威的青铜兵器圭璋璜璧诸玉物。统治者日益脱离生产劳动，成为"治人"的身份，衣服放大加长用壮观瞻，必然是在这个历史阶段中出现。相传虞书帝王冕服十二章的绣绘纹饰，也应当成熟于此时。但是三千年来做皇帝的总还欢喜遵照古制打扮，直到袁世凯还要人做下一份衣样子，准备登基！事实上冕服最早的式样，目前为止，还只有从唐代列帝图和敦煌画留下那些形象，比较近古，宋人《三礼图》、明人《三才图会》即已多附会，去古日远，清代更难言了。但是从习惯说，戏衣上的龙袍，还应当说是一脉相承。真正的复原，几种新的战国人物形象和西汉壁画、东汉石刻，以及周初铜、玉、漆、丝纹样，已为我们准备了些有利条件。经过一些探索比证，大致还是可望部分恢复本来的。

衣服等级的区别，一面可看出西周社会的拘板定型，另一面也必然影响到社会生产的停滞。破坏它得到新的进展，是春秋战国，随同土地所有制变化，与生产发展、商品大量交流而形成。

同样是在不断发展变化中，也看需要而有所不同，譬如作战穿的衣甲，到春秋时虽发展了犀甲、合甲、组甲许多不同材料不同制作，长短大致还是以能适应当时战争活动为主，不会太变。例如保护头颅的铜盔，商代的就和春秋战国时差不太多。但是兵器中的戈的形制和应用，却已有了较大变化。商代一般战士，戈大致有两式，长柄的单独使用，短柄的则一手执戈、一手执方盾，是通常格式。春秋以来则剑盾为一份，戈柄已和矛柄部分同长，有的或加个矛头成为专用勾啄刺三或两用兵器了。到战国时，好些戈戟并且已逐渐脱离实用价值，只从艺术出发来考虑它的造型美了。到汉代于是又一变来个返璞归真，一例简化成为一个"卜"字式。（至于我们从戏文中所常见的方天画戟，却是起始于唐代宗教画天王所使用的！）衣的形式改变，主要还是在某些上层人物。根据目下材料分析，我们知道儒家的宽衣博带好尚，本为好古法先王主张而来，同时人常多当成一种拘迂行为看待的。因此估计一般上中层分子，平时衣服必然还不至于过分拖拖沓沓。但部分坐朝论道不事生产的人物，即不完全同意儒家迂腐主张，还是不免已经有些拖拖沓沓。这从近年发现的材料，多了些证明。至于从事各种生产劳动的平民便装，一般还是长可齐膝为通例，从统治者看来，则为野人之服、舆台之服，区别日益显明。至于那些无事可做或一事不做的贵族，在一身装扮上格外用心，如何穿珠佩玉，文献记载虽多，形象反映给我们的知识还是不够落实。例如说，儒家"君子无故玉不去身"和"玉有七德"的说法，到战国时已相当成熟，上下一时把玉的抽象价值和人格品德结合起来，也因之把玉的具体价值提得高高的，影响刺激到当时雕玉工艺的高度进展。三门峡虢墓得到几份成组列的佩玉，虽已知道它们在人身上的大略位置，洛阳金村韩墓，还发现过一份用金丝纽绳贯串的成组精美佩玉，辉县和其他发掘，也得到好些当时小件成系佩玉，传世又还有千百件战国玉龙佩和其他雕玉可供参考，郭宝钧先生即根据出土情形作了些复原图。但是希望更具体些明白它们如何和那些加工特别精美镀金嵌珠的带钩、讲究无比的玉具剑，共同加在以五色斑斓华美耀目的文绣袍服上，结合一起形成一种惊人炫目的艺术效果，如《说苑》所叙襄成君给人的印象，我们还是不易想象的！知识不足处，实有待进一步发现，才能综合更多方向文物，一一加以复原。即此也可以肯定，过去几千年来学人感到束手的事情，到我们这个新的时代，由于条件不同，有必要时，终究还是可以从客观存在认识出发，

——把它弄个清楚明白!

和周初衣服制度有密切关系的历史人物,是封于山东鲁国的周公。周公的形象虽无当时遗物可证,但是汉代在儒学兴盛提倡厚葬的制度下,山东地方的石刻,却还留下三四种各不相同的周公样子,有一个在曲阜发现还是立体的。作为周公辅成王的历史主题而做成,胖胖的周公宽袍大袖,抱着个小婴孩,我们似乎可以用一个有保留的态度来看待这些材料。就是说形象未必可靠,部分服装还是可靠。因为凡事总必上有所承而下有所启,正如孔子所说"殷因于夏礼,周因于殷礼",说能知其损益,就必有所损益。孔子所知道的我们虽难于尽知,但是目前还有不少春秋战国和西汉形象材料,新近发现,为我们提供了许多证据,也启发了不少问题,值得注意!

极有意思是近年山西侯马出土的一批陶范中几个人形,搞文物的看来,会觉得有些面熟,不仅衣服依旧长短齐膝,花纹也并不陌生,有一位头上戴的又简直和商代玉人及白玉雕像十分相似,一个短筒子平顶帽。商代白石像系腰是个大板带,这一位腰间系的是根丝绦带,带头还缀上两个小小圆绒球,做成个连环套扣住,得知这两种系法都是不必用带钩的。这个人的身份虽同样难于确定,不是"胡族"却一望而知。因此赵武灵王所易的"胡服",必得另外找一种式样才合适了。至于这一式样和时代或许略晚见于洛阳金村遗物中的几个银铜人装束,我们可以说实"古已有之",因为汉石刻大禹等已穿上,至少从汉代儒家眼光中,是绝不会同意把胡服加在著名的大禹身上的。何况商代实物又还有陶玉相似形象可证。《史记》上所谓胡服，记载既不甚具体，我想还是从相关文物反映去寻觅，或许还比较有一点边。时间较早是保留到战国或西汉匈奴族青铜饰件上的各种胡人装束，时间稍晚是保留到东汉墓中一个石刻上作的胡族战事图像。前者多于蒙古一带地区出土，后者却显明作成高鼻深目样子，但是一做比较，于是我们不免感到混淆起来了。因为这些胡族人衣着长短，原来和商代几种形象倒十分相近，正和那些羊头削及盾上带铃弓形铜器和商代实物相近差不多。由此联系，我们似乎可以不妨且做那么一种假定：即以游牧为主的匈奴服制，本来和商代人的普通衣着相近，或曾受过中原人影响。到周代，社会受儒学渲染宽袍大袖数百年成社会上层习惯后，我们不免已有些数典忘祖。赵武灵王学回来的胡服骑射，重点本只重在"骑射"，至于胡服，则一面始终还流行于各行各业劳动人民习惯生活中，正所谓"礼失而求诸野"！这种推测也许不一定全对，唯根据材料分析，却似乎差不多远。

西周以来，上层分子寄食统治阶级衣服日趋宽博，大致是一种事实。但在共通趋势中也还是有分别。并且在同一地区，甚至于同一种人，也还会由于应用要求不同，形成较大差别，不能一概而论。相反又会有由于一时风气影响，而得到普遍发展的。前者如从大量战国楚俑和画像分析，至少即可知道衣服式样便有好几种，长短大小也不相同。后者如传称楚王宫中女子多细腰，事实上新的发现，楚国以外许多材料，表现舞女或其他妇女，也流行把腰肢扎得小小的习惯。特别是一种着百褶裙反映到细刻铜器上的妇女或男子，反而比反映到楚俑和漆画上的妇女束腰更细一些。这类铜器山东、山西、河南均有发现，它的来源虽有可能来自一个地方，不在上述各地，但当时善于目挑心招能歌善舞的燕赵佳丽、临淄美女，装束还是不会和它相去太远。以相传洛阳金村出土一份佩玉中两个小小玉雕舞女，做得格外出色。

如把这类材料排排队，就目下所知，大致信阳楚墓出土的东西比较稍早一些。联系文献解决问题，长沙楚墓出土的彩俑和漆画、帛画，以及河南山西山东发现薄铜器上细刻人形，材料却丰富重要得多。

信阳大墓发现了不少大型彩绘木俑，初出土时闻面目色泽还十分鲜明，如不即时摹绘，大致已失去固有色调多日了。重要还在那个漆瑟上的彩绘种种生活形象，有高据胡床近于施行巫术的，有独坐小榻大袖宽袍的统治者，有戴风兜帽的乐人，有短衣急缚的猎户。人物画得虽不怎么具体，却神气活泼，形象逼真。总的漆画上胡床的出现和墓中三百件漆器中一个近似坐几状木器实物的发现，为我们前面说到过的垂腿而坐的事情，至晚在春秋战国时即已有可能出现，多提供了些证据，却比旧文献所说，胡床来自汉末，席地而坐改为据椅而坐，直到唐代中叶以后才实行，已早过五六百年或一千三百年不等。

长沙楚墓的发现，丰富了我们对于古代人生活形象知识更加多。首先是那个特别著名舞女漆奁的发现，上面一群女子，一例着上袖口衣脚均有白狐出锋长袍，腰肢都小小的，面貌虽并不十分清晰，还是能给人一个"小腰白齿"印象。宋玉《招魂》文中所歌咏的妇女形象，和这些女人必有些共通点。另外是许多彩绘木俑，试挑出两个有典型性的看看，男的是个标准楚人，浓眉而短，下巴尖尖的成三角形，胡子作仁丹式，共同表现出一种情感浓烈而坚持负气个性鲜明神气。近年发现楚俑多属同一类型，引起我们特别注意，因为这是屈原的同乡！如做屈原塑绘，这是第一手参考材料！女子重要处在颊边点胭脂成簇作三角形，可以和古小说《青史子》及刘向《五经通义》引周人旧说相印证。照各书记载，这是和周代宫廷中女子记载月事日期的标志有关。胭脂应用即由之而来。比唐人的靥子，南朝人的约黄，汉代的寿阳点额，都早过千年或大几百年！衣分三式，都不太长，一种绕裾缠身而着的，显明较古，到汉代即已不复见。履底较高，和长沙出土实物可以印证。衣服边沿较宽，材料似乎也较厚，可证史传上常提起过"锦为缘饰"的方法。武士持剑盾则衣短而缚束腿部，才便于剽疾锐进，秦末项羽的八千子弟兵，大致就用的是这种装束。可惜的是一份木雕乐伎已朽坏，只留下个轮廓，难于用它和河南汲县辉县等处所得细刻铜器乐舞伎服装印证异同。另外在一片绢帛上还绘有一个女子，特别重要处在那个发髻，因为同时同式只在辉县出土的一个小铜妇女和时间可能稍晚一些骊山下得到的一个大型灰陶跪俑上见到，同是发髻向后梳的古代材料。近人说帛画上绘的是个巫女，或出于片面猜想。因为另外两个人形，均显明都是家常打扮。和信阳漆瑟上的反映，及另一楚帛书上四角绘的神像反映，情调毫无共通处。自古以来巫女在社会上即占有个特殊位置，西门豹投于河里的,和屈原《九歌》所涉及的,是不是还有点线索可寻?较晚材料应当是南方出土一些西王母伍子胥神像镜子上的舞女反映,比较近真,因为一面还和《三国志·陶谦传》及《曹娥碑》记载中提及的抚节弦歌婆娑乐神相合,一面且和《西王母传》《上元夫人传》记叙玉女装束有关,至少可以说是一个越巫样子。用它来体会先秦九巫形象,终比凭空猜想有些根据。楚俑男女头上一个覆盖物多如羽觞样子,可惜经过摹绘,具体形象已难明白。唯文献上曾有"制如覆杯"记载,羽觞恰是当时唯一杯子,因此这个头上安排也特别重要。女子背垂长辫中部多梳双鬟,到西汉时出土俑也有用一鬟的。传世《女史箴图》有几个女子还梳同样发式,当时大致这已算是古装,晋代人是不会这么打扮自己的。这从一系列出土俑(如江苏南朝俑)和略后一时的砖刻(如邓县画砖),壁画(如敦煌画),石刻(如《十七孝子棺》),绢素画(如《洛神赋图》《北齐校书图》),可以明白北朝时"华化",所仿的正是两晋制度,不会比汉或更早!

战国时文物第三部分人物形象是洛阳金村韩墓出土的几个银铜小像,一个男子和一个梳双辫弄雀女孩,衣服都短短的,女孩衣服下沿似乎还有些襞褶。男女均如所谓"蒙古型",脸型宽厚扁平,因此即以为是"胡人胡装",值得进一步研究。短衣不一定是胡装,已如前节所述。稍后一些胡人多高鼻深目,发且褐黄,这从文献记载及近年诺因乌拉与罗布淖尔实物的发现,与新近沂南汉墓石刻反映,三者结合印证,可以得到一点比较全面认识。相反的,倒是从商代起始,铜玉上反映均有"蒙古型"的脸孔出现,另一说即这个人的额饰，如着一小勒，有物下垂，非中原所固有。这也难说即是胡人。因为一切有个联系，不能孤立。近年四川出土大量汉俑，即有一式把额前加一勒子式织物，前作三角形的。这部分加工，事实上历来都成为装饰重点，不过随时有所变化罢了。例如北朝则作三五螺髻，如《北齐校书图》中女侍所见，显明受了点佛教影响，由于东晋以来关于佛发传说，就常提到"向右萦回，色作绀青"等等。到唐代则流行诗人所歌咏的"常州透额罗"，形制处理则如敦煌画《乐廷瓌（guī）夫人行香图》，其家庭子女中有一位的装扮，极凑巧也是搁在额前那么尖尖的，但来源却应说是"幂䍦"或"帷帽"一种演进或简化。因为幂䍦或帷帽本来的式样，还好好保留在一些唐代陶俑及唐人绘《蜀道图》几个骑马妇女头上，那是标准的式样，和文献记载完全相符合，后人作伪不来的。明代嘉万[①]以来又流行"遮眉勒"，还是那么一道箍式，唯前端尖处多嵌了一粒珍珠，明人绘画中都经常发现这么打扮。清初还在民间流行，清宫廷中的四妃子像和《耕织图》的南方农家妇女头上都可发现。戏装上叫它作"渔婆勒子"，其实近三百年还在各处流行。一直到二十世纪初年，我们的母亲或外祖母还在使用它，一般即叫作"勒子"，通常用玄青缎子捐（kèn，方言：按）两个薄薄牙子边，中心钉小翠玉花或珠子，到后又流行在两旁钉薄雕翠玉片半翅蝙蝠或蝴蝶。也有作五蝠则象征"五

---

① 即嘉靖、万历，明代中后期明世宗和明神宗的年号。

福齐来"。乡下人家则用银寿星居中。乡村小女孩子则用五色彩绸拼凑，加上各种象征幸福希望的彩绣，主题却不外鸳鸯牡丹、鱼水蝠鹿，讲究些也有做戏文中故事的。在这上面也可以说可看到百家争鸣和百花齐放，和胸前圆裙脚下凤头鞋，同是民间年轻妇女装饰重点！话说回来，到目前为止，金村墓中那一位，应说是较早在额间进行艺术加工的一个先辈！女孩子腰间也系了根带子，还佩了个小工具，启发我们古代"童子佩觿（xī）"应有的位置。宋人不得其解，衣服既错，位置也弄错了。这种短衣打扮是否是当时奴婢的通常的装束？这一点可能性倒相当大。因为经常发现的战国时六寸左右跪像，手捧一个短短管筒，通名"烛奴"，装束多相近。近年山东出土一个人形灯台，手举二灯盘，服装也相似，这种器物适当名称还是"烛奴"。另外还有两个玉雕舞女，长袖细腰，妩媚秀发，特别重要是她的发式，十分具体。背后却拖了个长长辫子。

第四份材料是传世和近年出土的金银错器物上镶嵌主题画中反映出战国时人生活各方面情况。试用几件有代表性的器物作例来分析（如故宫藏品一战国青铜壶，一个成都百花潭错银壶，汲县山彪镇一水陆攻战纹铜鉴和另一水陆大战鉴），上面即有采桑、弋鸿雁、习射、演乐、宴会、作战种种不同反映。弋鸿雁必用矰缴（zēng zhuó，系有丝绳，猎取飞鸟的短箭），才能收回目的物和箭镞，这里即见出古代矰缴的应用方法。如把它和长沙出土的两团丝线实物和四川砖刻上那个把线团搁在架子上的制度结合起来注意，过去词人所赋"系弱丝射双鸿于青冥之上"的事件，千言万语难于注解的，一看便了然原来办法如此！又《三礼》谈射礼，诸侯必按等级尊卑，所用的弓矢箭靶大小远近均不相同。宋人《三礼图》虽绘制了些样子，可无佐证，这个壶上却留下个极早的式样，可证明《三礼图》虽多附会，所作箭靶基本式样倒还接近真实（敦煌唐壁画骑射图，却是个月饼形系在杆上）。似实用靶非礼仪用。有关音乐方面，历来对于钟磬处理多含糊其辞，乐悬二字解释也难于令人满意。这里画面反映，却由此得知，当时钟磬在筍虡（sǔn jù）上悬挂方法，原来共有两式：一种是信阳出土编钟，用个兽面栓钉直接固定在方整木架上。另一种却是木架绊着丝绳，把钟磬钩悬在绳上。两端支持物多雕成凤鸟，象征清音和鸣，也和文献记载相合。乐人跪着击奏，但辉县铜盘细刻花纹却立奏，即此可知当时并无一定制度。有关战马，则守陴（pí，城上的矮墙）部队旌麾金鼓的形制和位置，可增长我们不少知识，补文献所不及。戈矛柄中部多附两道羽毛状事物，或可为《诗经》中"二矛重英"，提出一点新解。一般人和部分战士都着长衣，下裳作百褶裙式，昔人对汉石刻武事进行人多常服以为或者只是演习，那这里将是更早一种演习了。但另外一部分却有断脰（dòu，脖子）绝踵形象出现,可知并不儿戏！有的武士戴有檐小帽，和现代人球场上小白帽竟差不多。

错金银技术虽较早为吴越金工所擅长，楚人加以发展，到战国中期，似乎已为六国普遍应用到一些特种工艺品处理上。带钩方面用力最大，品种也极多。至于饮食用器，方面已极广，艺术成就也大。唯这里想谈到的，还是题材上给我们对于古代服饰方面提供的形象重要性。这些材料多在中原区发现,我们不妨假定说它是中原文化的反映,应当不会太错。

另外还有个错金银镜子,上作骑士刺虎图像,武士全副武装,头盔近耳处插两支鸟尾。传称鹖(hé),为猛禽,好斗,至死不败,因之用鹖尾做冠饰,象征武勇,由来已久。可是具体形象材料,除此以外,即只有北朝宁万寿孝子棺前线刻的两个神将头上分插鸟尾,十分显明。此外即少见。至于唐宋以后,则多使用在什么胡王头顶部分,如传世李公麟绘《番王礼佛图》中所见。这里新的发现却在耳旁分插,为我们搞京戏的谈雉尾应用历史时找到了最古根据。这个镜子上还发现个近似用皮革做成的"&"式马镫,应当是世界上最早的马镫形象了。至于马鞍,到目前为止,我们只有一个四川出土汉代大型陶马上曾发现部分残余,别的还少见。战国时人起始骑马,镜子上留下个最早骑士模样。

第五份材料,是近年发现薄铜器细刻花纹上面各种人物生活的反映。河南辉县、山西、山东均有这种铜器出土。辉县残器上面有一种宫廷宗庙两层建筑前钟磬两列陈设形象,乐器位置极其重要。另一器物则在一角发现了个两端微昂的高案,上置两个酒罍(léi),得知这是长条案最早的式样。山彪镇出土物则四轮马车是新发现。人物形象有个共通点是头上冠帽,前部多作二角突起,后部则曳一喜鹊尾巴,这种冠服部分亦见于信阳大墓漆瑟彩绘人物上。唯瑟上有作&危冠高耸如一高脚豆式的,则在铜刻上始终未发现。屈原楚辞所谓"冠切云之崔嵬",或即指的是这种式样?也说不定。

……………

这通只是从商到战国，前后约一千年间，从出土文物结合文献相印证，所得到的一些点点滴滴材料。我们想从这些零星发现中把握全面问题，当然是不可能的。即从这部分发现中所作的一些推测，也必然会有许多不尽合符原来情形。但这么由现实出发作的试探和综合联系，无疑为我们工作带来了些新的启发，据个人看来至少可归纳成三点：

一、谈这部门历史发展，照旧方法引书证书，恐不大容易把问题弄得真正清楚明白，若能试从文物形象出发，似乎可以得到不少新知识。或者为过去书中没说到过，或者可以丰富充实文献中已经说起的而能加以形象化。

二、谈服饰离不开花纹，古代丝绣不易保存，直接材料不够多，但是间接的比较材料却不少。近十年出土的大量铜器、彩绘漆、雕玉、金银错、彩琉璃，以及较后部分空心砖边沿纹样，已为我们提供了许多重要线索。凡事孤立不易清楚的，一经综合比较，问题就出来了。由于比较分析，由此我们得知连续矩纹作为锦纹主题，商代即已起始，春秋战国在继续应用，现存宋明此一式锦纹，实源远流长。丝绣和其他部分工艺图案相互关系，金银错、彩绘漆，和当时刺绣纹样实大体相通，还影响到汉代。战国镜子部分装饰图案，更和同时所谓"绮"纹有密切联系，新的发现已为这一推测不断证实。

三、这里提起的多只是一些线索，一个起点，即从文物常识出发，注意到起居服用各方面问题，大多是一般文献上或提起过难于证实，或说来比较笼统，经过后人注疏附会辗转致误的。熟悉史部学的专家通人，如肯用一个新的现实研究态度，综合文物联系文献，来广泛进行新的比证爬梳工作，一定会得到前人所未有的发现，特别是物质文化史方面的知识，许多方面将是崭新的！

《中国古代服饰研究》引言

中国服饰研究，文字材料多，和具体问题差距大，纯粹由文字出发而作出的说明和图解，所得知识实难全面。如宋人作《三礼图》，就是一个好例。但由于官刻影响大，此后千年却容易讹谬相承。如和近年大量出土文物铜、玉、砖、石、木、漆、刻画一加比证，就可知这部门工作研究方法，或值得重新着手。汉代以来各史虽多附有舆服志、仪卫志、郊祀志、五行志，无不有涉及舆服的记载，内容重点多限于上层统治者朝会、郊祀、燕享和一个庞大官僚集团的朝服官服，记载虽若十分详尽，其实多辗转沿袭，未必见于实用。私人著述不下百十种，如《西京杂记》《古今注》《拾遗记》《酉阳杂俎》《炙毂子》《事物纪原》《清异录》《云仙散录》等，又多近小说家言，或故神其说，或以意附会，即汉人叙汉事，唐人叙唐事，亦难于落实征信。墓葬中出土陶、土、木、石、铜诸人形俑，时代虽若十分明确，其实亦不尽然，真实性也只能相对而言。因社会习惯相承，经常有从政治角度出发，把前一王朝官吏作为新王朝仆从差役事。因此新的探讨，似乎还值得多方面去求理解，才可望得到应有的新认识。

本人因在博物馆工作较久，有机会接触实物、图像、壁画、墓俑较多，杂文物经手过眼也较广泛，因此试从常识出发，排比排比材料，采用一个以图像为主结合文献进行比较探索、综合分析的方法，得到些新的认识理解，根据它提出些新的问题。但出土文物以千百万计，即和服饰有关部分，也宜以百十万计。遗物既分散国内外各地，个人见闻接触究竟有限，试探性工作中，自难免顾此失彼，得失互见，十分显明。只是应用方法较实际，由此出发，日积月累，或许还是一条比较唯物实事求是的新路。因此在本书付印之前，对于书中重点作些简要介绍，求教于海内外学者专家。

本书中商代部分，辑录了较多用不同材料反映不同衣着体型的商代人形，文字说明却较少。私意这些人形，不仅反映商王朝不同阶层，可能还包括有甲骨文中常提到的征伐所及，当时与商王朝对立各部族，如在西北的人方、鬼方，在东南的徐、淮夷，在西南的荆、楚及巴、濮各族人民形象。在铜、玉、陶、石人形中必兼而有之。特别是青铜兵器和其他器物上所反映形象，多来自异族劲敌，可能性更大。

西周和东周，材料比较贫乏，似可作两种解释。一、为立国重农而比较节俭，前期大型墓葬即较少。而铜玉器物制度，且多沿袭商代式样。礼制用玉占主要地位，赏玩玉物却不多（近年在湖南、云南和其他地区出土大量商代玉器，和史称分纣之宝玉重器于诸有功国事之大臣情形或相关。说是商代逃亡奴隶主遗物，似值得商讨）。
二、用土木俑殉葬制犹未形成。车乘重实用而少华靡，有一定制度。车上装饰物作铜人形象亦仅见。衣作矩式曲折而下，上承商代而下及战国，十分重要。另一铜簋下座两扇门间露出一个人像，虽具体而微仍极重要。据近年江南出土东周残匜（yí，先秦时盛水洗手的用具）细刻纹饰反映生活情形看来，制作也还简质。在同时青铜器物纹饰中为仅见。直到春秋战国，才成为一种常用主题装饰图案。

春秋战国由于诸侯兼并，技术交流，周代往日"珠玉锦绣不鬻于市"的法规制度已被突破，珠玉锦绣已成为商品市场特别商品一部门，因之陈留襄邑彩锦、齐鲁细薄丝织品和彩绣，及金银镶嵌工艺，价值连城之珠玉、制作精美使用轻便之彩绘漆器，均逐一出现于诸侯聘问礼物中，或成为新兴市场特种商品。衣着服饰之文彩缤纷，光辉灿烂，车乘装饰之华美，经常反映于诗歌文传记载中。又由于厚葬风气盛行，保存技术也得到高度进展。因之近年大量出土文物中，一一得到证实。三门峡虢墓出土物，新郑出土物，河南信阳楚墓出土物，安徽寿县蔡侯墓出土物，辉县琉璃阁出土物，金村韩墓出土物……及近年湖北随县曾侯墓出土物，河北中山王墓出土物，文物数量之多，制作之精美，无一不令人眼目一新，为前所未闻。特别是在这一历史阶段中，运用各种不同器材，反映出人物生活形象之具体逼真，衣着服饰之多样化，更开拓了我们的眼界不少。前人千言万语形容难以明确处，从新出土文物中，均可初步得到较正确理解。有的形象和史传诗文可以互证，居多且可充实文献所不足处。

不过，图像反映虽多，材料既分散全国，有的又流传国外，这方面知识因之依然有一定局限性。丝绸锦绣，且因时间经过二十四五个世纪，残余物难于保存本来面目。但由于出土数量多，分布面积广，依旧可以证明一部中国古代物质文化史，还保存得上好于地下。今后随同生产建设，更新更多方面的发现，是完全可以肯定的。综合各部门的发现加以分别研究，所得的知识，也必然将比过去以文献为主的史部学研究方法，开拓了无限广阔的天地。"文物学"必将成为一种崭新独立科学，得到应有重视，值得投入更多人力物力进行分门别类研究，为技术发展史、美术史、美学史、文化史提供丰富无可比拟的新原料。如善于应用，得到的新成就，是可以预料得到的。因为世界任何一个国家，都没有条件保存得那么丰富完整物质文化遗产于地下！

近人喜说春秋战国是一个"百家争鸣，百花齐放"的时代。严格一点说来，目下治文史的，居多注重前面四个字，指的只是诸子百家各自著书立说而言。而对后面四个字，还缺少应有的关心，认识也就比较模糊。因为照习惯，对于百工艺业的成就，就兴趣不多。其实若不把这个时期物质文化成就各部门成就加以深入研究，并能会通运用，是不可能对于"百花齐放"真正有深刻体会的。因为就这个时代的应用工艺的任何一部门成就而言，就令人有目迷五色叹观止感！以衣着材料言，从图像方面还难得明确完整印象。但仅就近年河北出土中山王墓内青铜文物、湖北随县曾侯墓出土棺椁器物彩漆文饰，和当时诗文辞赋形容衣饰之华美，与事实必相差不多。

由春秋战国到秦统一，先后近三个世纪。由于时间、空间、族别、习惯不同，文献材料不足征。目下实物图像材料反映虽较具体，仍只能说是点点滴滴。但基本式样，也可说已能把握得住。如衣袍宽博属于社会上层；奴隶仆从，则短衣紧袖口具一般性，又或与历来说的胡服有些联系。比较可以肯定的，则花样百出不拘一格、式样突破礼制是特征。至于在采用同一形式加工于不同器物上，如金银错器反映生活文武男女有相近处。就我们目下知识，只能做如下推测：即这类器物同出于一个地区，当时系作为特种礼品或商品而分布各地，衣着反映因之近于一律，和真实情形必有一定差距。我们用它来说明，这是春秋战国时工艺品反映当时人事生活作为主题的新产品。同时也反映部分社会现实，似不会错误。若一律肯定为出土地社会生活，衣着亦即反映某地区人民衣着特征，证据还不够充分。

秦代统一中国后，虽有"天下书同文车同轨"记载，至于这一历史时代的衣着，除了秦尚黑，因徒衣赭，此外，我们却近于极端无知。直到近年，才仅从始皇陵前发现几件大型妇女坐俑，得知衣袖紧小，梳银锭式后垂发髻，和辉县出土战国小铜人实相近，与楚帛画妇女发髻亦相差不多。最重要的发现，是衣着多绕襟盘旋而下。反映于铜器平面图像上，虽不甚具体，反映于木陶彩俑、铜玉人形等立体材料上，则十分明确。腰带边沿彩织装饰物，花纹精致处，多超过我们想象。由比较得知，这种制度，一直相沿到汉代，且具全国性。证明《方言》说的"绕衿谓之帬（qún，同'裙'）"的正确含义。历来从文字学角度出发，对于"衿"字解释为"衣领"固不确,即解释为"衣襟",若不从图像上明白当时衣襟制度,亦始终难得其解。因为这种衣服,原来从大襟至胁间即向后旋绕而下。其中一式至背后即直下,另一式则仍回绕向前,和古称"衣作绣,锦为缘"有密切联系。到马王堆西汉初期古墓大量实物和彩绘木俑出土,才深一层明白如此使用材料,实用价值比艺术效果占更重要意义。从大量图像比较,又才明白这种衣着剪裁方式,实由战国到两汉,结束于晋代。《东宫旧事》和墓葬中殉葬铅(qiān,古同"铅")木简牍,都提到"单裙""复裙"。提到衣衫时,且常有某某衣及某某结缨字样。结缨即系衣时代替纽扣的带子,分段固定于襟下的。(衣裙分别存在,虽在近年北京琉璃河出一西汉雕玉舞女上,即反映分明,但直到东汉末三国时期才流行。图像则从《女史箴图》临镜化妆部分进一步得到证实。)

秦代出土人形,主要为战车和骑士,数量达八千余人。人物面目既高度写实,衣甲器物亦一切如真。唯战士头髻处理烦琐到无从设想。当时如何加工,又如何能持久保持原有状态?髻偏于一侧,有无等级区别,是一个无从索解的问题,实有待更新的发现。

两汉时间长,变化大,而史部书又特列舆服部门,冠绶二物且和官爵等第密切相关,记载十分详尽。但试和大量石刻彩绘校核,都不易符合。主要原因,文献记载中冠制,多朝会燕享、郊天祀地、高级统治者的礼仪上服用制度;而石刻反映,却多平时燕居生活和奴仆劳动情况。且东汉人叙西汉事已隔一层,组绶织作技术即因战乱而失传,悬重赏征求才告恢复,可知加工技术必相当复杂。近半个世纪以来，出土石刻彩绘图像虽多，有的还保存得十分完整，唯绶的制作，仍少具体知识。又如东汉石刻壁画的梁冠，照记载梁数和爵位密切相关，帝王必九梁。而石刻反映，则一般只一梁至三梁，也难和记载一一印证。且主要区别，西汉冠巾约发而不裹额。裹额之巾帻，东汉始出现。袍服东汉具有一定形制，西汉不甚严格统一。从近年长沙马王堆出土大量保存完整实物，更易明确问题。又帝王及其亲属，礼制中最重要的为东园秘器二十八种中的金银缕玉衣。照汉志记载，这种玉衣全部重叠如鱼鳞，足胫用长及尺许玉札缠裹。从近年较多出土实物看来，则全身均用长方玉片连缀而成，唯用大玉片做足底。王侯丧葬礼仪，史志正式记载，尚如此不易符合事实，其余难征信处可想而知。

又汉代叔孙通虽定下车舆等级制度，由于商业发展，许多禁令制度，早即为商人所破坏，不受法律约束。正如贾谊说的帝王所衣黼（fǔ，古代衣服上绣的斧头状花纹）绣，商人则用以被墙壁，童奴且穿丝履。

从东汉社会上层看来，袍服转入制度化，似乎比西汉较统一。武氏石刻全部虽如用图案化加以表现，交代制度即相当具体。特别是象征官爵等级的绶，制度区别严格，由色彩、长短和绪头粗细区别官品地位。武氏石刻绶的形象及位置，反映得还是比较清楚。直到汉末梁冠去梁之平巾帻，汉末也经过统一，不分贵贱，一律使用。到三国，则因军事原因，多用巾帽（tāo）代替。不仅文人使用巾子表示名士风流，主持军事将帅，如袁绍崔钧之徒，亦均以幅巾为雅。

诸葛亮亦有纶巾羽扇指挥战事，故事且流传千载。当时有折角巾、菱角巾、紫纶巾、白纶巾等等名目，张角起义则着黄巾。可知形状、材料、色彩，也必各有不同。风气且影响到晋南北朝。至于巾子式样，如不联系当时或稍后图像，则知识并不落实。其实，仿古弁形制如合掌的，似应为"帢（qià）"，如波浪皱褶的，应名为"幧"。时代稍后，或出于晋人戴逵作《列女仁智图》①，及近年南京西善桥出土《竹林七贤图》，齐梁时人作《斫琴图》，均有较明确反映。

至两晋衣着特征，男子在官职的，头上流行小冠子，实即平巾帻缩小，转回到"约发而不裹额"式样。一般平民侍仆，男的头上则为后部尖耸略偏一侧之"帩头"，到后转成尖顶毡帽。南北且有同一趋势。妇女则如干宝《晋纪》和《晋书·五行志》说的衣着上俭而下丰（即上短小，下宽大），髻用假发相衬，见时代特征。因发髻过大过重，不能常戴，平时必搁置架上。从墓俑反映，西晋作十字式，尚不过大。到东晋，则两鬓抱面，直到遮蔽眉额。到东晋末齐梁间改为急束其发上耸成双环，名"飞天紒（jì）"，邓县出土南朝画像砖上所见妇女有典型性，显然受佛教影响。北方石刻作梁鸿孟光举案齐眉故事、天龙山石刻供养人，头上均有这种发式出现，且作种种不同发展。但北朝男子官服定型有异于南朝，则为在晋式小冠子外加一筒子式平顶漆纱笼冠。因此得知，传世《洛神赋图》产生时代，绝不会早于元魏定都洛阳以前。历来相传为顾恺之笔，由服饰看来，

---

① 《列女仁智图》一般传为东晋顾恺之所作，为尊重作品原貌，此处未改。

时代即晚。

隋统一中国后，文帝一朝社会生活比较简朴。从敦煌壁画贵族进香人，到青白釉墓葬女侍俑比较，衣着式样均相差不多。特征为小袖长裙，裙上系及胸。

谈唐代服饰的，因文献详明具体，材料又特别丰富，论述亦多。因此，本书只就前人所未及处，略加引申。一为从唐初李寿墓中出土物，伎乐石刻绘画，及传世《步辇图》中宫女看来，可得如下较新知识：初唐衣着还多沿隋代旧制，变化不大。而伎乐已分坐部和立部。二、由新疆近年出土墓俑，及长安新出唐永泰公主、懿德太子诸陵壁画所见，得知唐代"胡服"似可分前后两期，前期来自西域、高昌、龟兹，间接则出于波斯影响，特征为头戴浑脱帽，身穿圆领或翻领小袖衣衫，条纹卷口裤，透空软底锦靿（yào）靴。出行骑马必着帷帽。和文献所称，盛行于开天间实早百十年。后期则如白居易新乐府所咏"时世装"形容，特征为蛮鬟椎髻，眉作八字低颦，脸敷黄粉，唇注乌膏，影响实出自吐蕃。图像反映有传世《宫乐图》《倦绣图》均具代表性。实元和间产物。至于开元天宝间，则画迹传世甚多，和胡服关系不大。叙发展谈演变，影响后世较大，特别值得一提的，即帷帽。历来相传出于北齐"羃䍦"，或称"羃罗"，以为原遮蔽全身，至今无图像可证。帷帽废除于开元天宝间，是事实亦不尽合事实，因为宫廷贵族虽已废除，以后还流行于民间，宋元画迹中均可发现。在社会上层，也还留下部分残余痕迹，即在额前露出一小方马尾罗，名"透额罗"。反映于图像中，只敦煌开元间

《乐廷瓌夫人行香图》中进香青年眷属或侍女三人额间,尚可明白位置和式样。透额罗虽后世无闻,但转至宋代则成为渔婆勒子、帽勒,且盛行于明清。帷帽上层妇女虽不使用,代替它的是在头顶上披一薄纱,称"盖头"。宋代用紫罗,称"紫罗盖头"。反映于北宋上层妇女头上,《花竹仕女图》有代表性。反映于农村妇女,则南宋名画家李嵩《货郎图》中几个农村妇女头上,均罩有同式薄质纱罗。就一般说,既有装饰美观作用,亦有实用价值,才因此继续使用。

妇女花冠起源于唐代,盛行于宋代。名称虽同,着法式样迥异。唐代花冠如一顶帽子套在头上,直到发际。《宫乐图》《倦绣图》反映都极具体。至于宋代花冠,则系用罗帛仿照真花做成。宋人尚高髻,向上直耸高及三尺,以至朝廷在皇祐中不得不用法律禁止。原因是当时花冠多仿拟真花。宋代尚牡丹芍药,据《洛阳花木记》记载,由于栽培得法,花朵重台有高及二尺的,称"重楼子",在瓷州窑墨绘瓷枕上即常有反映。此外,《洛阳花木记》《牡丹谱》《芍药谱》称"楼子""冠子"的多不胜数。宋人作《花竹仕女图》中所见,应即重楼子花冠。且由此得知,至于传世《簪花仕女图》,从人形衣着言,原稿必成于开元天宝间,即在蓬松发际加一点翠金步摇钗,实纯粹当时标准式样。如再加一像生花朵,则近于"画蛇添足"、不伦不类矣。这种插戴在唐代为稀有少见,在宋则近一般性。宋代遇喜庆大典、佳节良辰、帝王出行,公卿百官骑从卫士无不簪花。帝王本人亦不例外。花朵式样和使用材料,均有记载,区别明确。图像反映,更可相互取证。又唐代官服彩绫花纹分六种。除"地黄交枝"属植物,其余均为鸟类衔花，在铜镜和带板上，均有形象可证，唯图像和实物却少证据，是一待解决问题。

宋人衣着特别值得一提的，即除妇女高髻大梳见时代特征，还有北宋一时曾流行来自契丹、上部着宋式对襟加领抹（花边）旋袄、下身不着裙只着长筒袜裤的"吊墩服"，即后来的"解马装"，影响流行于社会上层，至用严格法律禁止。但伎乐人衣着，照例不受法令限制，所以在杂剧人图画中，还经常可见到这种外来衣着形象。男子朝服大袖宽衫，官服仍流行唐式圆领服制度，和唐式截然不同处，为圆领内必加衬领。起于五代，敦煌壁画反映明确。而宋人侍仆和子侄晚辈，闲散无事时，必"叉手示敬"。在近年大量出土壁画上所见，及辽、金墓壁画上的南官及汉人部从，亦无例外，随处可以发现这种示敬形象。宋元间刻的《事林广记》中，且用图说加以解释。试从制度出发，即可发现有些传世名画的产生年代，或值得重新研究。例如传世韩滉《文苑图》，或应成于宋代画家之手，问题即在圆领服出现衬领，不可能早于五代十国。《韩熙载夜宴图》，其中叉手示敬的人且兼及一和尚，也必成于南唐降宋以后，却早于淳化二年以前。画中人多服绿。《宋大诏令集》中曾载有淳化二年诏令，提及"南唐降官一律服绿，今可照原官服朱紫"。可知《夜宴图》产生时代必在南唐政权倾覆以后，太宗淳化二年以前。尚有传为李煜与周文矩合作的《重屏会棋图》，内中一披发画童，亦不忘叉手示敬。历来鉴定画迹时代的专家，多习惯于以帝王题跋、流传有绪、名家收藏三大原则作为尺度，当然未可厚非。可最易忽略事物制度的时代特征。

传世阎立本作《萧翼赚兰亭图》，人无间言，殊不知图中烧茶部分，有一荷叶形小小茶叶罐盖，只宋元银瓷器上常见，哪会出现于唐初？古人说"谈言微中，或可以排难解纷"。但从画迹本身和其他材料互证，或其他器物作旁证的研究方法，能得专家通人点头认可，或当有待于他日。

蒙元王朝统治，不足一世纪，影响世界却极大。大事情专门著作多，而本书却在统治范围内的小事，为前人所忽略，或史志不具备部分，提出些问题，试做些叙述解释。一如理发的法令歌诀。二如元代男女贵族衣上多着四合如意云肩，每年集中殿廷上万人举行"只孙宴"制作精丽只孙服上的云肩式样。三如全国大量织造纳石失织金锦，是否已完全失传。四如女人头上的罟罟（姑姑）冠应用情况等等进行些比较探讨。是否能够得到些新知？

至于明清二代，时间过近，材料过多，因此只能就一时一地引用部分图像材料结合部分朝野杂记，试作说明。又由于个人对丝绸锦绣略有常识，因此，每一段落必就这一历史时期的纺织品辉煌成就也略作介绍。唯实物收藏于国家博物馆的以十万计，书中举例则不过手边所有劫余点滴残物，略见一斑而已。

总的说来，这份工作和个人前半生搞的文学创作方法态度或仍有相通处，由于具体时间不及一年，只是由个人认识角度出发，据实物图像为主，试用不同方式，比较有系统进行探讨综合的第一部分工作。内容材料虽有连续性，解释说明却缺少统一性。给人印象，总的看来虽具有一个长篇小说的规模，内容却近似风格不一分章叙事的散文。并且这只是从客观材料出发工作一次开端，可能成为一种良好的开端，也可能还得改变方法另辟蹊径，才可望取得应有的进展，工作方法和结论，才能得到读者的认可。

好在国内对服装问题，正有许多专家学者从各种不同角度进行研究工作，且各有显著成就。有的专从文献着手，具有无比丰富知识，有的又专从图像出发，做得十分仔细。据个人私见，这部门工作，实值得有更多专家学者来从事，万壑争流，齐头并进，必然会取得"百花齐放"的崭新纪录突破。至于我个人进行的工作，可能达到的目标，始终不会超过一个探路打前站小卒所能完成的任务，是预料得到的。

关于赖文光马褂问题的一点意见

《太平天国图录》中另一件黄马褂，传闻得自江西，属赖文光所有。说明认为太平天国有团龙马褂制度，即以为真。说明过于简略，难于证实，缺少说服力。察二行龙二正龙衣服曾见于清宗室"汲修主人"著《啸亭续录》卷一记载，可证明乾嘉时亲王补服即有其制，郡王则为四行龙。原文称"旧制，亲王服四正龙补服，郡王服二正二行龙补服。乾隆中，傅文忠公以为与御服无别，乃改奏二行龙二正龙补服，郡王服四行龙补服，以为定制。诸王有特赐四正龙者，许服用焉。异姓初无赐四团龙者"。又说唯年羹尧、傅文忠、兆惠、阿桂、福康安等因功得到这种特殊待遇。至于清代黄马褂则不具花纹，从《南巡图》可以见到穿着时样子。

图录中这件马褂一切破格，长短式样和花纹，都毫无法度。袖口衣脚五色云裥水纹着上大小不称花朵；从各方面分析，审美观都近似民国以来"四郎探母""平贵回窑"等上装戏衣，却不大符合咸丰、同治年间实用要求。不知是否尚有其他根据可明确为当时政治制度下产品。原件因未眼见，马褂配色如何不得而知，这些意见，也可能和天王府帐子的时代分析情形相同，由于个人见闻过窄，容易主观片面，说得完全不对。最好还是让北京搞戏衣业的老师傅也有机会看看实物或问问周信芳、马连良诸先生，从花纹式样上判断，即可知是实用物还是戏衣，当可望提出些比较不同意见，有助于我们对这种少有的珍贵革命文物有更客观全面的理解。综合各方面的看法做出的判断会更加可靠得多。

如个人这些推论属实，这个《图录》是否宜于以讹传讹地继续发行，并送出国外当成重要礼品，实值得斟酌。在革命博物馆陈列时，是否宜于放置到一个特别显著位置上，都是问题。

比较圆通的办法，即如过去民族文化宫一部分所谓文成公主于唐初带去保存于西藏的那份乐器和绣罗汉等，当时曾邀我看过数次，和其他音乐乐器专家意见相近，估计时间偏晚，最早也只能到元代，更多可能只是清代做的。至于石青深蓝缎子上绣罗汉佛像，也是清初康熙以来做法。我曾向他们建议，如必须陈列，最好在说明卡片上这么说："历来传说为文成公主当时带去的。"或在下面再加小注，"真实制作时代可能较晚"；或只把小注放到登记簿本件说明下边。既可于陈列时兼顾民族间历史传说意义，又可在藏品目录中不犯科学上鉴定错误。若一仍于旧闻不论其真伪，这种看法对待宗教性的"佛牙""唐玄奘头骨"一类东西，虽可适当使用，但对近代太平天国革命性文物，个人认为却不相宜。

《红楼梦》衣物及当时种种

第一册

一、拯溺救危——借用作为人仗义疏财形容。

二、金丝八宝攒珠髻——指用金丝穿缀小珍珠作八宝的髻饰。

三、朝阳五凤挂珠钗——明代以来,钗就有作"丹凤朝阳"式的,多作一小凤举翅飞腾,也有平面贴鬟凤,凤口多衔小珠串二三寸,是从古代金步摇金爵钗制度发展而出。清代妇女凤冠有一定制度,因官品不同,由三五七到九凤。但这里从衣着说,却不是官服,头上必然是一般用的凤头钗。一切描写只是给人一种金翠耀眼的印象。

四、缕金百蝶穿花大红云缎窄裉（kèn）袄。——裉袄多指有边袄子。这里说的是用缕金做百蝶穿花,绣在大红云如意缎上的窄裉袄子。窄裉指肩袖腰下通作重边而言。照实在材料说来,缕金百蝶穿花或指衣缘。

五、五彩刻丝石青银鼠褂——即宝蓝色底子的五彩刻丝银鼠出风对襟外褂。因康熙以来有素刻丝，用于有丧服饰。又有刻金，用金线作地。这里才说某某地某种刻丝。

六、翡翠撒花洋绉裙——即翡翠绿颜色的散朵花绉绸裙子。洋绉和后来之湖绉材料相近，多本色花。这里"撒花"也可指丝绸上本色花。也可指在洋绉上另用铺绒法绣的散朵花。

七、"辣子"——沾惹不得形容，泼妇形容。贾母说有取笑意。

八、外道了——见外生分意思。

九、錾（zàn）金彝——泛指金银错古铜器。这种金银加工技术从春秋战国起始，继续发展到汉唐明清，各有不同成就。

十、玻璃盆——清初外来或广东做。一般多碾作菊花瓣式花纹，大如同时铜瓷脸盆，径大约一尺五寸，高约六七寸。向例用一硬木架子承着，代表当时时髦陈设。古董商把这种玻璃通叫作"磨料"。

十一、猩红洋毯——即大红咔喇呢的炕垫。有素的，有在上加绣双团凤或凤穿牡丹的。因俗传这种红色是用猩猩血染的，所以通称"猩猩毡"。清初作炕垫拜垫用较多。后来才用作椅披垫。

十二、大红金钱蟒引枕——指作小团龙花纹锦缎的靠手枕。共有两式：有作径尺二三寸，大球形或多面灯笼样的，有作径尺大，三尺长方枕式的。内中有用灯草填实的，也有用棉花和灯草同放作芯的。是从古代汉晋以来"隐囊"发展而成。

十三、秋香色——指黄菊色，和缃色近。

十四、梅花式洋漆小几——指杂色仿倭漆梅花五瓣式茶几，不一定是外来物。日本从唐代起学得中国漆器做法后，即有发展，特别是杂色漆屑金或细描金，制作精美。明代中叶天顺年间，著名漆工艺术家杨埙，从日本把技术学回来，制作又超过日制，当时因此名"杨倭漆"。清康熙乾隆时还有发展。通名洋漆。现代福建杂色漆还从那个基础得来。唯乾隆以后说洋漆，间或也指棕黄色油漆，即后来宁波漆。事实上倒是我国固有的，唐代就已出名，叫明光漆。

十五、文王鼎——指有"文王"铭刻的西周青铜鼎。事实上这里只是泛说周代古铜鼎。

十六、汝窑美人觚（gū）——旧传北宋宫廷中，因定州白瓷器边沿有芒不光，特别另烧青瓷，因之产生汝窑。又传用玛瑙作釉，釉多作灰碧色，极细润。在北宋官窑瓷中和大官青瓷同样为世界珍贵。觚是商代青铜酒器，敞口小腰长身，造型如女性苗条。这里指的是汝窑长颈觚式花瓶。

十七、弹花椅袱——椅披垫类，用针线纳过行道花朵叫"弹墨"。在绣花中技术算最简单，意思如木工弹一道墨线。椅袱即方椅套垫。（剪纸为花样水贴绸料上，再以吹管喷色雾绸上，得白花。反之，花版花纹处镂空，绸百菱起，吹色雾花纹处，深色花。可一色或多色。唐代即有"吹绘纸"工艺相承而来。）这里指弹墨法做花的椅套。

十八、混世魔王——《西游记》称孙悟空的名字[1]，这里借来形

---

[1] 混世魔王和孙悟空非一人，为尊重作品原貌，此处未改。

容宝玉不受封建礼法拘束的性格。

十九、内帏厮混——旧社会大户人家成年男女，居处必分内外，男子自有书房。这里指专在闺房中和妇女玩闹。

廿、粉油大影壁——指用粉彩油漆绘画搁于厅堂过道间、上有短檐的木屏风。有画岁寒三友松竹梅的，有画丹凤朝阳的，也有作山水画的。

廿一、二龙戏珠金抹额——抹额就是帽勒，帽箍。这里指金作双龙抢宝式的帽箍。是宋代以来传下的童子装扮。敦煌画上唐代舞乐中也已经用到。

廿二、二色金百蝶穿花大红箭袖——指大红地用缕金片和捻金线织成百蝶穿花图案的箭袖袍。

廿三、五彩丝攒花结长穗宫绦——指宫式用钉绣法做花，加长丝穗的寸半宽的腰带。

廿四、石青起花八团倭缎排穗褂——指明蓝色广东织八团花洋缎出风对襟外褂。照清初材料应称"倭罗缎"，有罗纹间道，出广东。一般广缎多光地小朵彩花。这里说八团花，是后来少见的。

廿五、松绿撒花绫裤——即松花绿色小朵花绫裤。松花绿指豆绿带粉黄色。清初说绫，多和后来小纺相近，不尽是闪光板绫。

廿六、刻丝——中国特有的丝织品。是从汉代"织成"法发展而出的。北宋时，在河北定州的生产，已极著名。南宋在江南更出了几个有名专家，如沈子蕃、朱克柔，作品多根据宋代重要写生花鸟画做成，传到现在，已八九百年，还颜色如新。明清以来，江南各地生产多用到日用品方面，也有极精美的。是用各种色线小梭子一点一点织成。明人笔记就说起，做一衣有一年才能完成的。清代又有本色刻丝，丧服用。有加金刻丝，或用金线作地的刻金。因此这里指明是五彩刻丝。

廿七、椅搭——即椅披。多用于有靠背的椅子上。材料有锦缎的，有织绒的，有刻丝或绣花的，乾隆以后也有用咔喇呢绣花做的。喜庆用红色，家中有丧事则用蓝色。一般靠背式太师椅都使用。从唐末就起始用这种装饰。宋代宫廷中，还有用小珍珠穿花钉绣的图案，云鹤、团凤、狮子滚球、寿山福海外加灯笼象征五谷丰登。

廿八、劳什子——泛指劳民伤财毫无实用的玩意儿。

廿九、斜签着坐下——即俗话"只坐半个屁股"。旧社会上下区别极严，不是同等身份，绝不敢平起平坐。这么侧坐着，表示不敢自居同等。

卅、扶鸾——道门中一种骗人迷信。又名"扶乩"，情形不尽相同。两人手扶个丁字木架，或用双竹筷缚一笔，在沙盘或米盘上写出诗句，假托济公、吕洞宾、关云长等等小说中人物降坛，名扶乩。做一小楼或空房，暗中埋伏一个帮忙穷书生，预先磨好墨，搁好纸，把门关上，让那个埋伏下的人把一切鬼话、对联、诗句写上，本人又隐藏后，再开门去取出，这些字往往还写上岳飞或关云长赐给某某信士、弟子，好骗人信仰，名叫"扶鸾"。本书还没有严格分别。

卅一、眼饧（xíng）——眼如被新做麦芽糖粘着，强睁睁不开，形容困倦。这一段描写，是故意把一场涉及爱情富贵的小说传记夸张描写形容，并非真有这些宝镜金盘，纱衾鸳枕。

卅二、顾头不顾尾——俗说野鸡被迫时，多把头插入草窠中，以为安全，不意长尾在外，反被捉住。后来通用作不善于生活过日子的人形容。这里指有钱即花意思。

卅三、拉硬屎——是歇后语"硬撑"，借用作假充好汉嘲讽。

卅四、这样嘴脸——即没有面子意思，所以怕去了等于把嘴送上门请人打，出丑。

卅五、卖头卖脚——旧社会江湖献技女子，踹软索时不免听流氓轻薄，评头论足，才能够得几个钱。因此借用作抛头露面的形容。

卅六、行当儿上——中国宋代以来，手工业和商人就已有行会组织，分行、会、坊、社，所谓手艺百三十六行，行行出状元。行船也各有行帮码头，互不相犯。这里借用作那一部门服务当差询问。

卅七、倒厅——前厅屏门里空处。面对正院，为分隔内外，所以照例有个影壁。影壁有在院子中的，也有缺少屏门，用影壁代替的。

卅八、秤砣似的——旧式挂钟多如一方匣，下挂长链条，垂一可移动的铜葫芦或圆饼，利用重力下坠转动齿轮，到一定时候，再把葫芦移上，不必另扭发条。

卅九、大红油漆盒——即红漆"捧盒"，有上菜用的，也有内中另容纳什锦小碟放蜜饯小吃的。做法分竹胎、木胎、麻布胎。加工方面有彩绘、五彩雕填、描金、镶螺甸各式。清初这类红漆的多用泥金绘折枝花或团花。也有作山水人物极精美的。

四十、大红洒金软帘——指用红绸缎做的金线绣花的棉或毡作门帘。因夏天用的是竹帘，棉、毡夹帘通称"软帘"。

四一、锁子锦——六朝以来就有用金丝编成的锁链子式甲，称金锁甲。唐宋人纺织成锦缎，叫锁子锦。清康熙还织造了许多种。用捻金线织的，比较精，用各种彩色丝织的，也紧密坚实，有各种不同花式。

四二、引枕——即靠枕。古人席地而坐，用锦缎做成大囊袋，内实柔软材料，作倚靠用，名"隐囊"，即引枕最早式样。

四三、金线闪的——用金银二色线间隔平绣的。

四四、昭君套——用貂皮或其他细毛皮做成的帽兜，在额间耸聚如鷸冠，是女风帽一类。明末清初妇女冬装喜用到。

四五、攒珠勒子——用小珠攒聚成花的帽箍。清代式样极多。晚清年长妇女才戴，如两如意合并成。清初多只用一寸来宽天青缎子做成，如一上弦新月，穿小珠钉于边沿，或作朵朵梅花，形成梅花点额效果。清中朝以后，材料较宽，或作带子式，或作双双如意式，多用翡翠雕作双凤钉两旁，中心钉攒珠花或宝石。

四六、石青刻丝灰鼠披风——石青指如宝石中鸦青石的蓝色，即一般说的宝蓝色。这里是说宝石蓝地子的五彩刻丝灰鼠里的披风。清初丝绸青色有许多种，如红青、鸦青、金青、元青、合青、虾青、佛头青、太师青诸名称。瓷器还另分宣青、成青、回青（即鬼脸青）诸名目。

四七、填漆茶盘——清初漆器做法种类极多，大别有描金、螺甸、金银嵌、彩绘、针刻、剔红、剔犀、雕漆填彩。这里即指雕漆填彩一种，通名"雕填"，也作填漆。

四八、玻璃炕屏——炕榻后围屏，当时新流行品。多是在玻璃底面画粉彩或翠绿花鸟，把玻璃嵌于紫檀或花梨或螺甸漆框子里拼合而成。由四合六合到十二合。也有内做点翠嵌牙山水花鸟，外罩玻璃的。苏广做工特别著名。

四九、几上——指炕几。或作骨牌式，或作长条式。也有把正中搁下骨牌式的叫"炕桌"，两端或顶窗口搁的叫"条几"或"炕条几"的。

五十、堆纱花——这里指簪头宫花。用纱裹薄棉做各种叠瓣如真花朵。又有缠绒的，有通草的。

五一、"秃歪剌"——贼光头或癞光头意思，有意取笑。

五二、放了把邪火——邪火即怪火。山林中常起野火，不易知道放火人。这里是用它形容被人无根无由乱告一状意思。说无名邪火也是借用前意。

五三、比下去了——指宝玉不如秦钟标致清秀。

五四、表礼——即见面礼物。旧社会初见亲戚，长辈必赠小一辈的见面礼物。男女不同，多寓吉祥幸福意思。有给彩缎，有给扇套荷包，有给金玉器物，有给首饰。

五五、"状元及第"的小金锞（kè）子——指一种小如意形金锭，上印"状元及第"四字。也有印一骑马戴金花作状元游街花纹的，也有印一魁星，手持"状元及第""必定如意"等状子的。旧社会重科举的反映。

五六、仪门——大宅院或衙署中，分隔内外的过厅屏门间，多写有严肃整齐字样，通称仪门。意思是进出的人到这里都得把衣冠弄整齐起来，行动也有一定规矩。

五七、"拿什么孝敬我"——有意用《西游记》魔王对手下妖精话语，说来取笑。

五八、胡打海摔——用戏文中番兵或虾兵蟹将的蹦跳活动作没有个规矩的形容。

五九、没见过大阵仗儿——也是用《西游记》小说中诙谐语，这里意思是小角色没见过大排场。

六十、他是哪吒——指明代通俗神话小说《封神榜》上小将哪吒，意思是即或是《封神榜》上的厉害人物，我魔王也不怕。

六一、不防头——本是行船"不怕冲撞"意思。一般借用作对人不小心冲撞冒犯形容。

六二、爬灰——旧社会，地主多行为恶劣，俗称公公和媳妇发生关系叫"爬灰"。

六三、胳膊折了往袖子里藏——全文应当是"好汉打落牙齿和血吞，胳膊折了往袖子里藏"，是章回小说中俗话。即好汉自己做事自己当意思。这里借用作"自己事自己知道"讽刺。

六四、溜湫着眼儿——通说"贼不溜湫"，是说眼色不定如小贼小偷神气。

六五、拐孤——是天九牌中七点的称呼，因三四二五同对，和其他牌不一样。因此借用作人乖僻不合伴形容。

六六、清客相公——即吃闲饭的帮闲读书人。旧社会，大家门户照例总养下些门客，陪同下棋喝酒，作诗玩耍，打听点外面新闻，供茶余酒后谈笑，逢迎捧场，称清客相公。也就是宋明小说说的帮闲。这里二人姓名就谐音"沾光"和"单骗人"。正如《金瓶梅》中应白爵谐"应白嚼"。是典型清客。

六七、斗方——本指门屏间楃（gé）子。明代以来习惯，多在上面贴点字画，供人欣赏，因此纸店特备见方一尺四五寸彩素各色笺纸，就名叫斗方，专供人写字作画。明代以来读书人中欢喜冒充风雅，讲究社交的，常自备这种笺纸作画作诗送人。诗画都不一定高明，因之被取笑称"斗方名士"。要人写斗方的，也近于冒充风雅。

六八、没笼头的马——俗话是东奔西窜、捆也捆不住意思。

六九、蜜合色——一种淡黄白色，见李斗《扬州画舫录》卷一。

七十、玫瑰紫二色金银线的坎肩儿——指红紫色丝绸用金银线平绣如意云花的背心。或指一种新疆织的细捻金银线织成的斜纹紫地金锦。通名回回锦。

七一、秋香色立蟒白狐腋箭袖——菊黄色，织或绣四爪龙白狐腋里的箭袖袍。蟒纹有团式和行动腾跃式，立蟒指第二种。

七二、长命锁——旧社会迷信，因为独子不易养育，或以为命大，多灾星，必拜寄人做干儿子，寄父母就送他长命锁、记名符，挂在项圈下，迷信就可保百年长命。有用金银做的，有用玉做的。清初讲究的多用翡翠绿和羊脂白玉，并刻上一些吉利文字。记名符指拜寄给某庙某神做干儿子的小牌儿。

七三、狼犺（kàng）——笨重形容。

七四、大红羽缎——指当时外来羽毛织物。光地的叫羽缎，毛地的称羽绸或羽纱。据清初文献："羽纱幅宽二尺四寸，似线绉，无花，出西洋，太阳下照有金星。"又"羽绸黄边，起毛，发卸"（即发松有弹性意）。

七五、在姨妈这里多吃了一口，想来也不妨事——故意说反话。

七六、大红猩毡——有很多种，细薄咔喇（镜面呢）不用作斗笠。斗笠披风多用一种松厚如带针毛的，绛紫较多。

七七、门斗儿上——指门槅扇上端方框空处。

七八、荷包、金魁星——一般分别用来取"和合如意文星高照"意思。这里则有"两个状元即在一块"寓意。

七九、一双富贵眼睛——指见的金银钱财多，也兼指为人势利意思。

八十、饧涩——饧是麦芽糖，新的极沾手，二字连用形容人困乏时眼睛想睁也睁不开。

八一、荷包——三寸大扁圆如意式，通用天蓝丝绦锁口，内装香药，多成双，象征和合如意，好事成双。是从汉代装火石小件器物的鞶（pán）囊演进的。一般多挂在腰间，各种绣法都有。又南方把装银钞的四方两联小袋也叫荷包，北方别名褡裢。

八二、贪多嚼不烂——本是骂猴子的俗话。猴子习惯吃枣栗，多急忙入口塞满两腮帮，再慢慢咀嚼。因私塾教师用来骂学生，后来才通用作读书多不得用形容。

八三、掩耳盗铃——歇后语是"骗得了自己骗不了人"。因旧说盗钟的唯恐人闻，忙把自己耳朵掩上。这里意思还是哄不了人。

八四、三日打鱼两日晒网——俗话，读书做事不认真形容。即旧书文言"一日曝之，十日寒之"的译注。

八五、上书——私塾习惯，带已读过的书到老师面前，把书送上背诵，或照指定章节回答。又名温书。早、中、晚各一回。书不熟得重温。

八六、打磨旋儿——磨坊中小驴推磨来回打旋，一面走一面如点头。这里用来形容只知四面磕头，求人告帮意思。

八七、点卯——总名应称"过堂点卯"。旧官府衙门，一般公务员都是卯时在大堂上按册子点名，所以称过堂点卯。绿营制吃坐粮当差的，每天无事可做，只到堂点点名，即可回家。因此借作应差敷衍公事形容。

八八、发涅——即死呆呆意思。

八九、累掯——过去农民被地主高利贷掯住无可奈何时，常用"你财主就那么狠心累掯人"。这里还用作克扣剥削意。

九十、祭祀产业，连官也不入的——祠产属合族公有，不至于因某人犯罪而没收。

九一、祭祀又可永继——是说每年扫墓修坟费用有了着落。

九二、起一张五品龙禁尉的票——这里指出钱买个龙禁尉的官衔。清制做官出路有四种：一科举考试，二世袭，三恩赏，四纳款给政府买官。第四种出身名"捐班"，在社会上不受重视。

九三、杀伐决断——本为武将元帅将军法令严明有担当形容。这里借用作办事敢负责任和严肃不苟言笑形容。

九四、云板——是从古代石磬发展而成的一种乐器。或石制，或铁制，大小不等。一般多作云如意式样，倒悬于木架上，放在衙署或大家宅院仪门过厅侧，或内外院之间廊下，有事通知内外就敲打，次数也有一定。这里说敲四下代表凶信。其他处所不一定相同。

九五、别把老脸面扔了——即别丢脸，别失面了。

九六、供饭、供茶、随起举哀——按旧规矩，死人灵前每日早晚按一定时期得在灵案前供茶、供饭、奠酒，名"上供"。上供时还得敲敲磬钵，燃一灶香。有的还奏哀乐。客人来吊丧时，则外堂齐奏鼓吹大乐，守灵人即举哀。

九七、纸劄（zhā）——即奠礼中的金银山，冥帛冥币。

九八、猴——猴子善于爬树。这里说猴，意指缠抱，也即是俗话巴得紧紧的意思。一百四十一页说"猴在马上"，又稍不同，有嘲笑意。

九九、发引——出殡时，孝子必手持一白纸长幡，名"引路幡"，出殡因之名"发引"，是佛教迷信，以为用它可把亡魂引往西天极乐世界。

一〇〇、阴阳生——指一般为人看阴宅阳宅风水作职业的人。

旧社会多迷信，凡婚丧诸事，造房子选坟地，通得聘请这种人解决。

一〇一、落人褒贬——褒是表扬，贬是指责，全语意是受人批评。

一〇二、江牙海水——指衣下脚织成翻波腾浪的花纹而言，因波浪形如姜芽，和江牙谐音，俗称江牙海水，也作"姜芽海水"。

一〇三、碧玉红鞓（tīng）带——带头用碧玉琢成辟邪兽头，带身漆红色。红鞋本指红皮带身，照习惯即红丝绦也叫红鞓。

一〇四、攒珠银带——带头是银胎地镶缀珍珠花。

一〇五、蓤（líng）苓香念珠一串——清初重珠串，朝珠以外平时也掌握手串，多作十八粒，象征十八罗汉，因之又叫"十八子"。用各种珍贵材料做成，用香料的有沉、降、奇南、蓤苓诸香。迷信佛的，念佛一声手撂动珠子一粒，周而复始，以为可蒙佛保佑。

一〇六、仙辀——指丧车言。因俗忌说死，以为成仙而去。

一〇七、谢了乏——旧习惯，亲友送殡的到了一定地方后，棺柩停下，孝子即出来向送丧的致谢请回，赞礼生口称"孝子道谢叩头！"孝子等一一行礼致谢，客人即告退。

一〇八、铁槛寺是……当日修造的——明清二代大户人家因在京寄籍，照习惯成了年的死人，另外一时必运柩回乡埋于祖坟山上。因此多修家庙作墓庐，雇僧户看守，并为备具一定数量的墓田，可以收租，作墓庐香灯及其他杂费。

一〇九、风月——指年轻男女在花前月下偷期密约，谈情说爱。

一一〇、扯篷拉纤——行船扯篷拉纤必靠帮手，旧小说中多借用作三姑六婆为人做媒做中牵合人事形容。

一一一、牢坑——旧社会,统治阶级为压迫人民,牢狱有水牢地牢等等不同方法。多作深坑,使人不易逃脱。后来多借作处境恶劣逃脱不易形容。

一一二、主文的相公——即办文墨的先生。大户人家应酬多,常用有师爷,专门办理婚丧大事文件和一般应酬文件。这种人多是穷书生。家中仆役,为表示对于读书人敬而不亵,通叫"相公"(和妇女叫丈夫作"相公"意思相同,含有将来做宰相三公意思)。

一一三、阴阳两宅——这里指墓庐停柩的地方和送丧守墓亲人住的地方。如一般说来则指埋坟地和家。

一一四、入港——原是行船入港靠码头。借用作互相契合的形容,但这里却借作肉体亵渎形容。

一一五、坐纛(dào)旗儿——纛是军中的大旗。"坐纛旗儿"即是戏文中常用的"坐帅字旗下"。有大小三军都必须听其指挥意思。

一一六、花障——指攀枝蔷薇竖立的花架子。

一一七、妆蟒、妆缎——彩缎中织五彩团龙或立龙的简称"妆蟒",织五彩折枝花的简称"妆缎"。

一一八、流云百蝠……万福万寿——都是图案名称。清初流云百蝠多是连续如意云中加各式蝙蝠,寓"洪福齐天"意思,封建帝王办寿时用这种彩缎最多。万福万寿多用回旋卍字作地纹连续图案,中加福寿字,或蝙蝠和桃子。也有用丝绦结成双套方胜图案象征长寿万年的。

一一九、洒堆、刻丝弹墨——洒花指丝线绣折枝花,堆花指堆纱,古名贴绢,是把杂色绸作花下垫薄棉钉于另一绸缎地子上,和现代补花大同小异。刻丝弹墨另见前注。

一二〇、则例——章则条例。一般简称则例。

一二一、《山门》——指《水浒》戏中鲁智深醉打山门,是有名北曲。

一二二、衣包——大户人家做客,随身婢仆多携带临时替换衣物,有的还带有首饰匣子。

一二三、不防头——意即不怕冲撞,本为行船人用语,借用"不谨慎"及"不怕冲撞冒犯"形容。

一二四、我只是"赤条条无牵挂"的——是引《山门》中唱词,寓意有我也会做和尚去,所以说了又感伤。

一二五、灯谜——从民间猜谜语发展而出。是过去民间新年一种最具广泛性的娱乐。一般多在新年中,把字谜诗谜用纸条写出谜面,贴在大纸灯上,听人猜。猜的人写出来再对谜底。有的还预先准备一定数量的物质奖。有各种不同猜法,还集有各种灯谜专书。

一二六、宫制诗筒——多用五色高丽笺纸折成宽一寸多,长一尺许的狭长封套,内中装斗方纸,专供作诗用。

一二七、唎阿唎的——是指如秧鸡或小狗一样叫个不歇的意思。

一二八、看人家的脸子——指凡事得看人脸色行事。

一二九、掌平的人——即掌天平的。

一三〇、齐纨——本指古代山东临淄出的精美丝绸。这里借作女子丝绸衣裙形容。

一三一、茜纱——即红纱。茜是染红的草,因之多作红色形容。

一三二、翠花——妇女钗钿必点翠,说翠花泛指钗钿。也有专指贴鬓抱鬓用杂珠玉和点翠做的花朵。

一三三、锦罽鷫(shuāng)裘——罽本细毛织物,汉代西北出产已极著名。一般多用作垫褥毯子,这里说锦罽,即锦毯意思。鷫裘,指鷫鷞鸟毛的被盖,是借用汉代司马相如卓文君夫妇卖鷫鷞裘故事,作珍贵形容。

一三四、飞燕合德——指赵飞燕姐妹二人,在西汉成帝时极得宠,故事记载于《汉书·赵后传》和相传汉人伶玄作的《飞燕外传》。这里指《飞燕外传》。

一三五、则天——指唐初以女主专政称帝的武则天故事。

一三六、玉环——杨贵妃的小字,指宋人乐史作的《太真外传》,记杨贵妃玄宗时和政治关系。

一三七、传奇角本——指一般章回小说和戏剧。

一三八、《会真记》——即《西厢记》,根据唐诗人元稹作的《莺莺传》改成,写张生和崔莺莺一段恋爱故事。戏剧由元王实甫改编。

一三九、"多愁多病的身""倾国倾城的貌"——引《会真记》戏中词语。

一四〇、吃不了兜着走——即俗话"总归是你份上的"意思。旧社会家有婚丧大事时,请客吃酒,份内肉丸子包子一类,吃不完都可用手巾包走。这里借用作事情吃不消也得做的形容。

一四一、装胖——即俗话打肿了脸装胖子，勉强摆阔意。

一四二、街坊——指邻里。即同街共坊居住意思。

一四三、贱发——减价发卖。

一四四、端阳节所用——照旧风俗，每年端午节，人家多配合药剂中的膏丹丸散备用。

一四五、廊上廊下——这里用廊上，是近房，即近亲意。大家族多分院房居住，所以通称几房。

一四六、拉长线儿——放鹞子风筝必拉长线，因借用作会做长远安排形容。又谚语有"放长线，钓大鱼"，意思相同。

一四七、巧宗儿——变戏法的惯用语。因之多用作可遇而不可求的幸运形容。

一四八、毛脚鸡似的——或作"没脚鸡"。是做事慌张，粗心大意，毛草一团的形容。熙凤说来，是有意出脱贾环。

一四九、文章——即文采意思。

一五〇、填漆——明清以来一种漆器做法。是在漆器上剔出花鸟来，再填上各色彩漆叫填漆，又称雕填。大件如床榻、屏风、条案，小如茶托、匣子、盒子，都有做得极精美的。在明代漆工艺专书《髹（xiū）饰录》中，记载有各种不同做法。

一五一、大红销金撒花帐子——一般多指大红罗或绉用泥金法或平金绣作散朵折枝花帐子。

一五二、白绫细折儿裙子——白绫多指玉色暗花绫。花作规矩纹。细折儿是以整幅折成细裥道，名"百折"，二十四折名"玉裙"，清

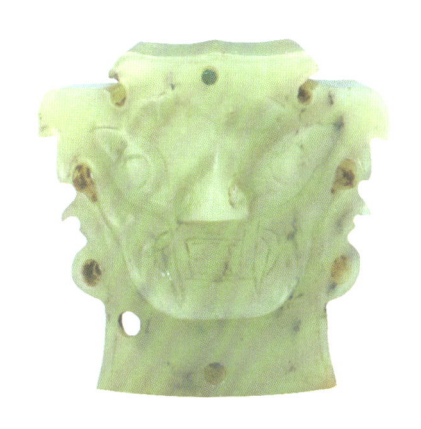

新石器时代石家河文化　玉人首
故宫博物院藏

新石器时代凌家滩文化　玉立人
故宫博物院藏

夏晚期　神祖面纹玉器
台北故宫博物院藏

晋　顾恺之《女史箴图》（局部）　大英博物馆藏

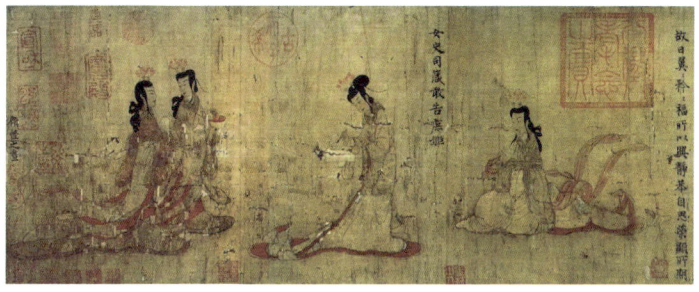

晋　顾恺之《女史箴图》（局部）　大英博物馆藏

晋　顾恺之《列女仁智图》（局部）　故宫博物院藏

晋　顾恺之《洛神赋图》（局部）　故宫博物院藏

後周武帝宇文邕在
位十八年五乎帝共廿五年
致滅佛法

唐　阎立本《历代帝王图》（局部）　美国波士顿美术博物馆藏

宋　刘松年《博古图》　台北故宫博物院藏

宋仁宗后坐像
台北故宫博物院藏

宋 《瑶台步月图》
故宫博物院藏

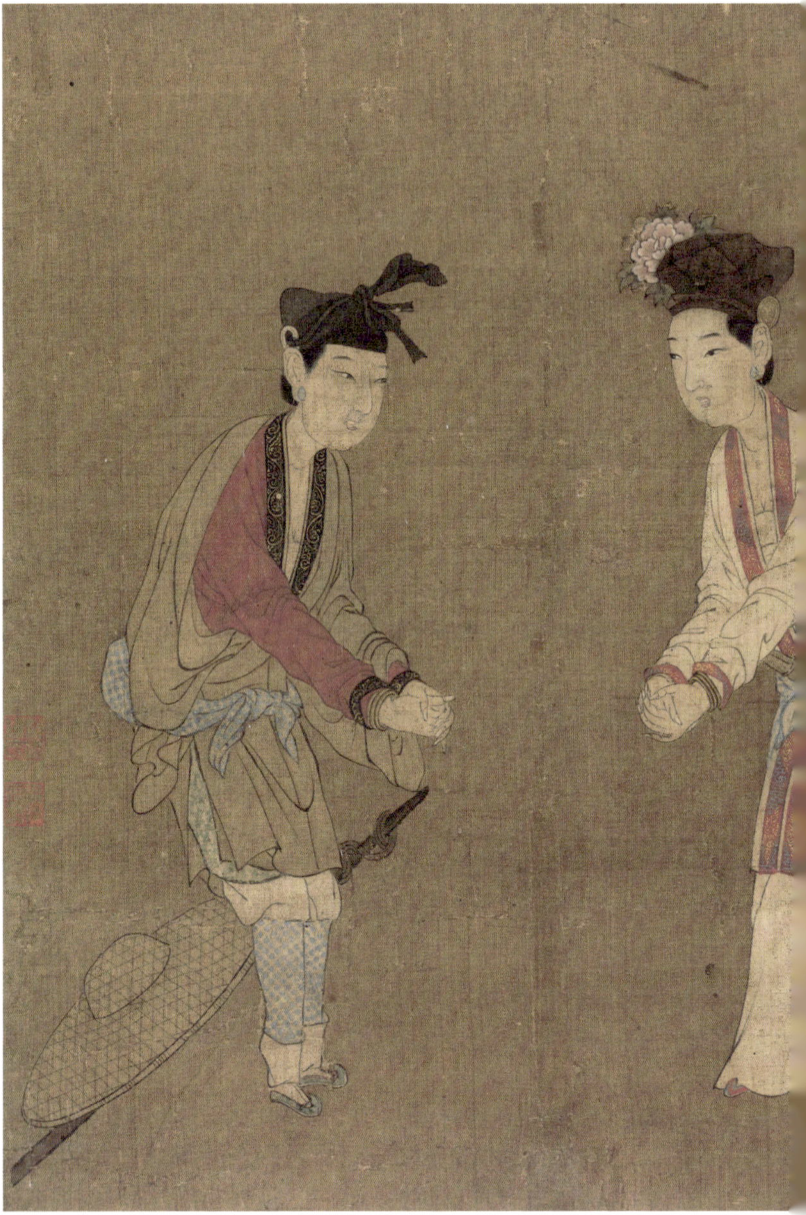

南宋 《打花鼓图》 故宫博物院藏

宋　张择端
《清明上河图》（局部）
故宫博物院藏

戴姑姑冠的元武宗皇后像
台北故宫博物院藏

明世宗坐像
台北故宫博物院藏

清 砗磲顶皮吉服冠
故宫博物院藏

北齐　杨子华《北齐校书图》　美国波士顿美术博物馆藏

明摹宋本　《胡笳十八拍图》（局部）　美国大都会艺术博物馆藏

唐　韩幹《牧马图》　台北故宫博物院藏

唐　孙位《高逸图》　上海博物馆藏

唐　阎立本《步辇图》　故宫博物院藏

唐 《唐人宫乐图》 台北故宫博物院藏

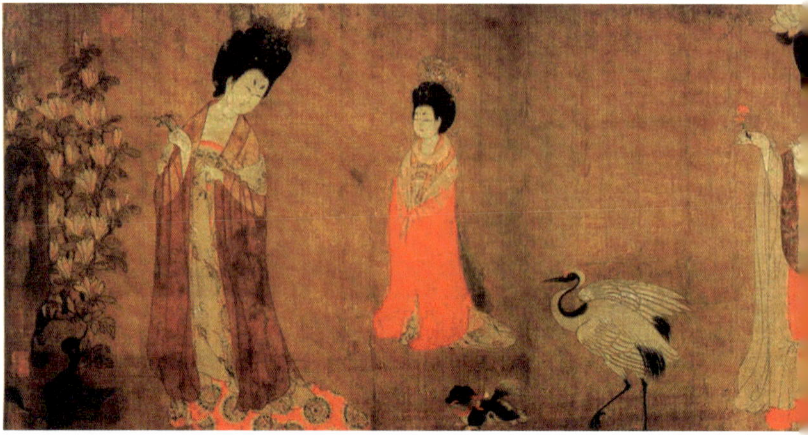

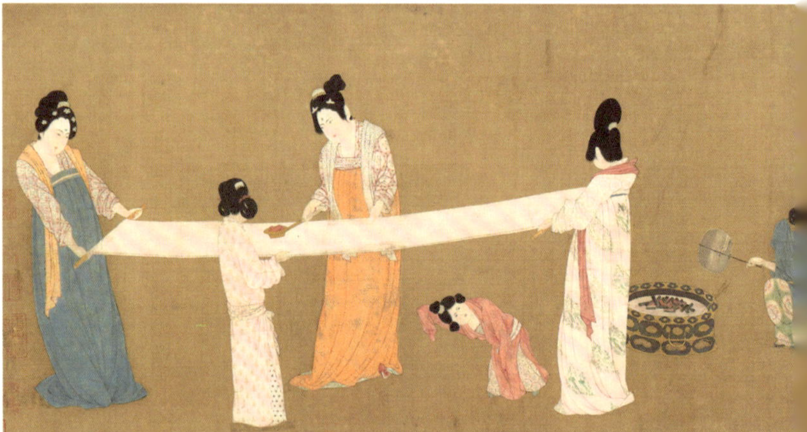

唐　周昉《簪花仕女图》　辽宁省博物馆藏

唐　张萱《捣练图》　美国波士顿美术博物馆藏

宋　王诜《绣栊晓镜图》　台北故宫博物院藏

五代 胡瓌《番骑图》（局部） 故宫博物院藏

五代南唐　顾闳中《韩熙载夜宴图》（局部）　故宫博物院藏

明 仇英《汉宫春晓图》(局部) 台北故宫博物院藏

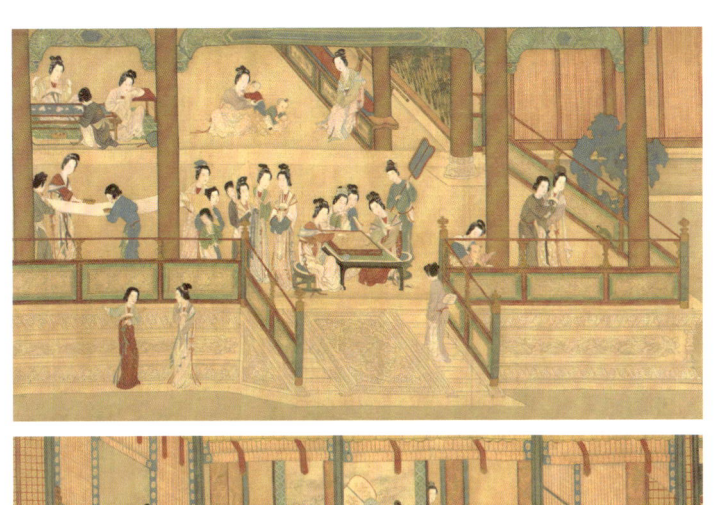

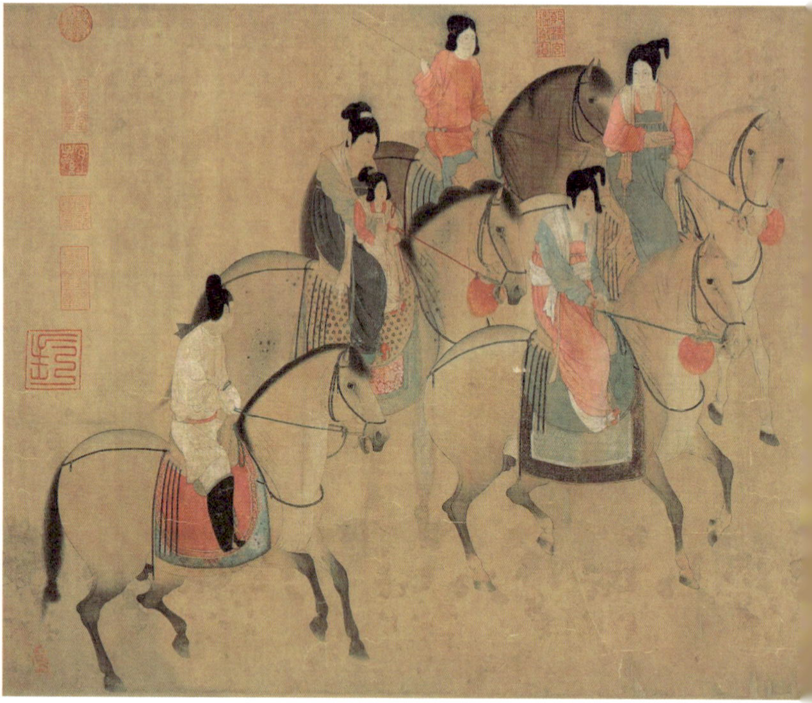

唐　张萱《虢国夫人游春图》　辽宁省博物馆藏

明　柿红盘绦朵花宋锦　故宫博物院藏

清早期　缠枝牡丹金宝地锦　故宫博物院藏

清　孔雀羽穿珠彩绣云龙吉服袍　故宫博物院藏

宋　聶崇義集注《新定三禮圖》

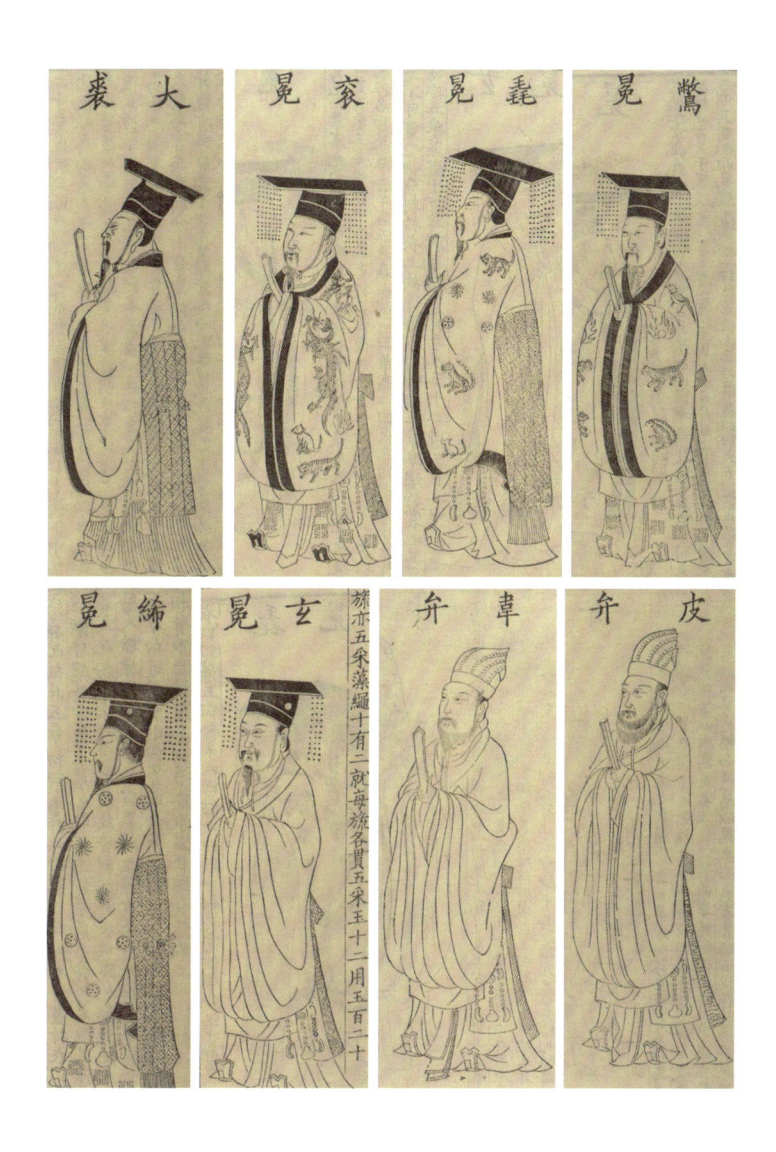

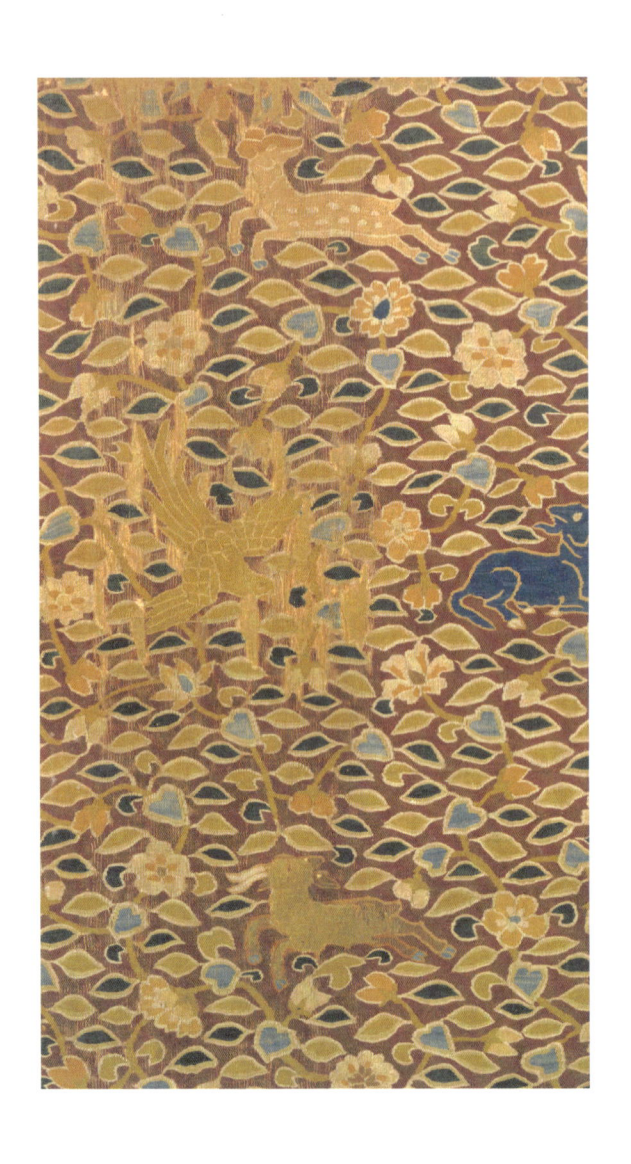

北宋　刻丝紫天鹿　故宫博物院藏

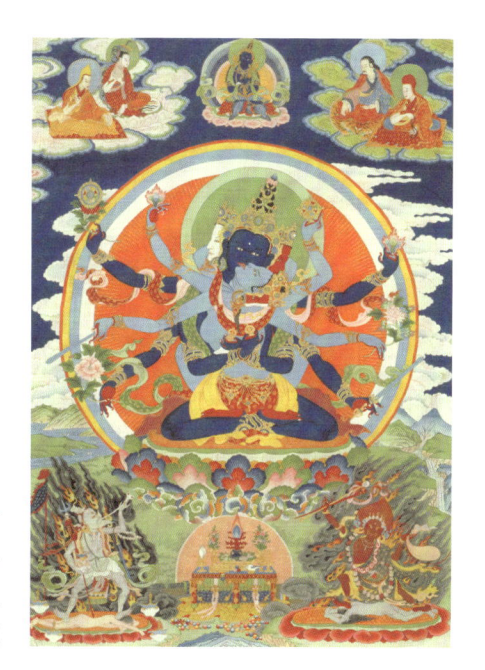

清乾隆
刻丝密集金刚像
故宫博物院藏

清乾隆
刻丝云凤纹方补
故宫博物院藏

清乾隆　刻丝仇英后赤壁赋图卷（局部）　故宫博物院藏

初常服。见李斗《扬州画舫录》卷九。

一五三、凤尾森森，龙吟细细——竹中有凤尾竹，叶细枝柔。竹子可做笛，吹作龙吟。这里是借用前人咏竹诗句形容小院竹子。

一五四、给你个榧（fěi）子吃——香榧子，南方产核果，咬破时有声音脆响。后人用两指一搓出声，或兼说"给你一个榧子"，或不说什么，原意是"空的"，如系回答，就有"相信不得"意。

一五五、兔鹘——一种驯养捕猎鸟兔的羽毛作淡赭白色的鹰。契丹制度必官品到一定程度，才许可放兔鹘猎鸟。蒙古及清代贵族喜游猎，因此也重养鹰。养鹰方法早见于唐人段成式作的《酉阳杂俎》。

一五六、管谁筋疼——别人的事他管不着，白用心意思。本来是杂剧小说中公差虐待人民时的浑话。这里是借用。

一五七、没理论——用《西游记》中常用语，有"不知道""不用问我"或"没道理"意思，用处不同意义也稍有不同。

一五八、你只是疯罢——意思是正经事不做，和疯婆子差不多，各处乱撞去吧。

一五九、"过了后儿，还得听呵！"——用看戏语气是"等一回看看，还有下文"的意思。

一六〇、锥子扎不出一声儿来的——是俗话，本来用作木头人形容。这里只是用来形容为人沉默。

一六一、饶不挑——偏偏不挑意思。

一六二、撩开手——和通俗小说中"撒手各自奔前程"意思相同。

一六三、和气到了儿——始终要好。

一六四、都是叫金刚菩萨支使糊涂了——意思是说被这些不神不鬼骗人名辞弄糊涂。所以王夫人生气。

一六五、大红妆缎——全名应作"大红妆花缎",指彩缎有折枝或串枝花的而言。蟒缎则指四爪龙而言,小团龙则叫金钱蟒。清初江南分苏州、杭州、江宁(南京)三处织造。机头各有牌子注明:如"浙江兼管织造臣某某""江南织造臣某某""苏州织造臣某某"。杭州机头本身两道线,带子边。江宁的一道黄线,绦子边。苏州无线,宽边,见于清初记载。

一六六、大海——明清以来,酒碗大而浅的都叫海。康雍时这种大碗有青花,有釉里红,有青花加紫,常画八仙,寓意八仙过海。又有加一柳树精的。

一六七、上等宫扇——多作如意式,用纱绢糊成,花分透绣、刻丝、彩绘加泥金银花各式。还有用象牙织成的,格外精美。上下接近柄部,多作贴绢堆纱花,也有用玳瑁片刻如意云头包裹的,柄用棕竹或象牙。

一六八、红麝香珠串——一般说麝香,多指麝香鹿脐部分泌物而言,臭味强烈,或作药用,如用它配合诸香,可以巩固香味,不易散失。是我国西藏、西康、云南各地珍贵特产。做珠串的分两种:一种用其他香末和麝做成,一种用麝香木做成。香谱称"麝香木出占城国,树老而仆埋于地而腐,外黑而内黄者,其气类于麝"。这里似指第二种。

一六九、凤尾罗——似本于唐人诗"凤尾香罗薄几重"说的。明有云凤织金罗,凤尾极长,或指这种实物。本书中关于纺织物,有真的,也有称引文献凑成的,凤尾罗或指长尾凤纹罗,清代已无这个名称。软烟罗则近于子虚乌有。因为罗纱织法不相同。

一七〇、一个稿子——用办公文作文章话语,作一模一样比拟。

一七一、打墙也是动土——是成语。照习惯动土必看历书,选择一定合宜日子,不能马虎。动土指大兴土木。说打墙也是动土,意思是小做也是做,大做也是做,有不得已意,所以下文说乐得逛逛。

一七二、气凑——上气不接下气意思。

一七三、藕合——藕合色,清初指深紫绿色,见李斗《扬州画舫录》。但近代说却指雪青莲紫色。

一七四、像黄鹰抓住鹞子的脚,两个人都扣了环了——养鹰鹞都必在脚胫上加扣环,便于平时系一丝绦。扣环不易去掉。这里借用来形容两人同样手拉得紧紧的,分不开,如鹰鹞脚上同有扣环一样。

一七五、下作——即下流。旧社会轻视劳动,屠猪户把猪内脏叫"下水",清洗工作称"下手";也就是下作,因此常借用作手脚不干净的骂人话。

一七六、玻璃缸、玛瑙碗——这里借来形容贵重东西,并非具体实物。玻璃玛瑙连用,晋六朝译佛经时即已成习惯。

一七七、夹枪带棒——这里打一下那里戳一下意思。用于语言就是口中有刺。

一七八、终久——始终究竟意思,或应改之为"究"。

一七九、水晶缸——多指清初外来玻璃器，俗称磨料，多作敞口筒子盆式。径大约一尺四五寸。作菊瓣花的较多。

一八〇、少作点孽——语气因事而不同。这里指暴殄天物白糟蹋东西意思。

一八一、楼子花儿——牡丹中心花蕊重叠高起的，名"重楼子"，北京中央（山）公园花坛中的姚黄，就属于这一类。语原出宋代《牡丹谱》。凡在花朵中心瓣蕊重叠高起的通叫"楼子花儿"。这里说荷花，即指"千叶莲"。

一八二、拜了影——即拜祖先画像。旧社会敬重祖宗，大户仕宦人家，死后出殡以前，家中人必特别请一位年高有德的人来"点主"，用一种烦琐礼乐仪式，请这人在预制小小白木牌位上用朱笔一画。另外在生前或死后又请传影师画一个像，名叫"影身"，又名"真容"。平日正厅神龛只放三代神主牌位，逢年过节，或为死者做冥寿纪念日，才把影身悬挂出来，供后代子孙家人瞻仰致敬。阖家在影身前叩头，即拜影。这种传影法的绘画技术，从唐代以来就成专业，忠于写实，自成一派。明清两代还留下极多重要作品。

一八三、把印丢了——做官的印极重要，失去必受严重处分，所以湘云这么说。

一八四、但凡有——假若有意思。

一八五、巧人——心灵手巧的人。

一八六、不才之事——用《西厢记》中语，张生和莺莺恋爱接近后，说"小生不才，承蒙小姐错爱"，所以才说"可惊可畏"，或什么"丑祸"了。

一八七、拿款儿——旧社会有势力的官吏地主,乡约保长,流氓地痞,遇事总说这里违犯法律中某条某款,那里又违犯某条某款,用来欺压善良人民。因此通用作"摆架子""打官腔"形容。这里指摆千金小姐派而言,是说笑。

一八八、抠了垫心子——抠即挖空。是说把鞋面材料某部分挖空,好垫上其他材料。一般说来多是挖作云头如意花式。

一八九、经济——意即经世济民。其实所谓经济学问,即升官发财的学问意思。

一九〇、风里言,风里语——无凭无证无根无柢不可追究的言语。

一九一、造化——用《西游记》孙悟空口头语,有"幸运""托福""天保佑"种种意思。

一九二、草莽——旧小说中常用的"小小毛贼"意。

一九三、不祥——不幸快要死去。

一九四、藤屉子春凳——或是藤心的广式躺椅,俗称"醉翁椅"式的藤凳。或是藤心条凳,通称"琴凳"的一种。

一九五、对景——对照相合意。

一九六、沉心——即深心,所以下面才说怕他多心。

一九七、鹅黄笺——小鹅毛的嫩黄色纸签条,清代凡皇帝用的东西多用这种颜色的纸或绫缎标签。

一九八、编派——旧小说唱本多民间流传随口编的,旧社会统治者向人民需索什么,总是由上指定,谁去应差,谁出多少钱。这里借用作不是自己的事，不应该派到头上的事，通随意编派上。

一九九、白眉赤眼的——意思是说扮个花脸无戏可唱。

二〇〇、象生——扮傀儡戏意。

二〇一、横劲——俗说马有直劲，指能驮载货物。牛有横劲，指能拖拉犁锄。这里借用作蛮力戒酒。

二〇二、龙下蛋——天下奇迹意思。

二〇三、想绝了——一切都想尽了意思。

二〇四、"拿着官中的钱做人情"——成语，自己一点不用费事意。下面语气中还有"未免太乖"意思。

二〇五、捧盒——多竹木或夹纻作胎，加漆做成的扁圆大盒子。有描金、雕填、螺甸各种不同加工。热天装食物，还有边沿部分用竹丝或铜丝编成透空的。

二〇六、打花胡哨——俗传九尾狐专用花言巧语骗人，使人上当。后来人因借用，凡善于花言巧语敷衍世故话不落实的，就说"口中花里胡哨"。这里说"打花胡哨"，是指凤姐和狐狸精一样，来时如一阵风，乱说一通，又即走去意思。

二〇七、倒了核桃车子——意即只听到哗喇喇好大一遍空话。语气中多少有一点褒贬。

二〇八、变弄——即想办法。语原从变戏法而来。

二〇九、跐脚——南方说跐（cǐ），指用脚擦来擦去。因为旧社会有规矩，妇女不作兴伸腿露脚，所以跐门槛是轻浮举动。这里用来形容凤姐少大家体统。

二一〇、缠丝白玛瑙——玛瑙，玉石中极光莹的一种，有各种不同颜色。战国以来就已经被社会重视，磨琢成各种三寸大小环子，作身上装饰品。汉代以来就有做成杯盘和马辔勒装饰的。缠丝白玛瑙，指一种乳白色中夹透明黑黄曲折丝纹的玛瑙。

二一一、联珠瓶——清初康熙雍正二朝，官窑瓷器中，常烧造一种两瓶合并高约尺许的花瓶，供插两种不同花用，寓"珠联璧合"意，称联珠瓶。这里说的似指另一种一破两半、上有穿孔专为挂在墙上的花瓶而言。瓶式多敞口长颈大腹，作如意式，也有作葫芦式的，挂在墙上插花，寓平安如意。一般多挂在柱上，可不能摆在什锦橱子里。也可能指第三式可以分合的瓶子，因为康雍乾三朝喜欢用什锦博古橱子放古董，陶瓷工人曾创造出许多种不同格式。

二一二、两车话——形容空话之多，和前面薛姨妈说王熙凤倒了核桃车子形容相同。

二一三、彩头——本来指彩色丝绸而言，因划龙船、猜灯谜、歌舞竞赛，占先的必得一段彩帛奖励，称得彩。后来借用作吉利形容。

二一四、打牙儿——和俗语"闲磕牙""嚼牙帮骨"一样，说空话的形容。

二一五、摄丝盒子——细竹丝编织成的盒子。或部分加漆，或全部加漆。康雍时制作常是底盖一部分用木涂漆，盖上用金银泥仿恽南田蒋南沙画法，描绘折枝花果。四川、福建和江浙的湖州、杭州、扬州，都有做得极精美的。

二一六、湘妃竹——出湖南，因竹上常有各种棕色美丽纹斑，又名斑竹。宜于做扇骨等小件器物。有作小圆点子的，别名凤眼，清代特别贵重。这种竹子传说是舜王崩于苍梧后，娥皇女英两个妃子洒泪竹上的影响。因黛玉好哭，探春借此取名。

二一七、什锦槅子——明清时房间槅扇或书架，多做成大小不一形式各别的鸽子笼式的格子，便于搁放陶、瓷、铜、玉古玩器物，通称什锦槅子。也叫作博古槅子。有的还能移动，合拢时如一堵墙壁，推开时就成一个门洞。

二一八、银红色纱衫子——这种纱多作小如意云加蝙蝠花纹。本名"洪福齐天"。后因忌讳，只说是"福禄如意"。

二一九、油蒙了心——俗说吃猪板油多了蒙心窍，人就糊涂。这里借来骂人。

二二〇、黑漆嵌蚌——在漆地子上用蚌片镶嵌，即螺甸法，清代康熙时才用这种螺甸漆作对联，乾隆以后少见。

二二一、神鬼似的——照语气似应指年轻一辈对长辈不必如怕神怕鬼。

二二二、乌银梅花自斟壶——或指云南制乌铜走银镶嵌折枝梅花的小把手壶。

二二三、海棠冻石蕉叶杯——寿山石半透明的叫冻子，有各种不同色泽。海棠冻石蕉叶杯，指粉红色的一种雕作狭长蕉叶形的浅口杯子。

二二四、上脸——骂人得意忘形，即俗语"给你三分颜色就开染坊"意思，得了点点好处就得意忘形。

二二五、留的尖儿——桃木李果树顶当阳的特别硕大，通叫尖子货。供盘堆果子，上面的也必大些。因此一般说尖儿顶儿都作第一等的形容。

二二六、饥荒——农民最怕水旱年成荒歉，因之用来形容困难。

二二七、我这生象儿——我这副嘴脸意思。全语应当是"我这种众生样子"，自己嘲自己不像人。

二二八、怯上——怕见场面意。语原出旧小说中怯上战场。

二二九、应——即承应，担待意思。

二三〇、什锦攒心盒子——扁漆盒中内置分槅小浅碟，中放一较大浅碟，有种种不同拼法，内放蜜饯果脯或煎炙小吃，叫什锦攒心盒。这类碟子有漆的，有珐琅瓷的，有瓷的。

二三一、翠——本只作绿色鲜明如翠鸟毛的形容。也借用作一般色彩鲜明的形容。

二三二、蝉翼纱——一种薄如蝉翅的轻纱。清初这种薄纱的确有散朵折枝花的，有蝙蝠流云的，百蝶穿花式有康熙式，晚则有道光式，这类纱实不宜于做被面，似凤姐故意说来取笑。因为绵里纱面的被不多见。

二三三、软烟罗——和霞影纱一样，名字似从陶榖（gǔ）《清异录》等小说取来。因下述四种颜色，都近于清初洋绉颜色。雨过天青指月蓝，秋香色指菊色，即细黄色，松绿指松花绿色（是豆沙绿带黄粉的绿色）。而且软厚轻密的罗也不宜糊窗子。这类描写是作者卖弄处，或高鹗续加语。

二三四、撚丝戗金五彩大盒子——大捧盒有径过二尺四寸的。撚丝明代只称竹丝。这里指的是用细竹丝编成，部分露胎，其余有彩漆填金花纹的大捧盒。

二三五、西洋布——泛指从海外来的棉布。明代记载中就常提到。如《天水冰山录·布》类中就有"西洋红白棉布八匹"。另外叙述说是径四五尺，细白而软。本书才说用作饭巾。

二三六、乌木三镶银箸——指上中下用银皮包裹的乌木筷子，明代即盛行，权臣严嵩家即有六千八百九十六双。

二三七、老年四棱象牙镶金的筷子——指明式上部四方，下部包金的。

第二册

一、套杯——清初康雍之际多使用。十三个的俗名"十三太保"，十二个的作十二月花，名"月月红"，十个的名"十姊妹"。一般多用薄胎瓷烧造，敞口平底，少有用竹木的。通名"太白杯"。

二、街坊——即邻居。借用同街共坊住而言。

三、凤头儿——八哥中额鼻之间起小丛毛的，俗名"凤头八哥"，善学人说话。刘姥姥明知道，故意说是黑老鸹子取笑。

四、觚瓟斝（bān páo jiǎ）——清初好用葫芦器，多趁葫芦未长成时就用各种器物模子范住，到成熟摘下加工，就成各种不同器形。这里指仿商代三足二柱圆形酒器。葫芦器明清之际才流行，上有晋王恺宋苏轼题字,明是假古董。作者用瓠瓟斝,谐音"班保假",即一定假意思。

五、点犀盉(qiáo)——犀角贵重的名通天犀,中心有白点正透,宋人用作腰带,贵过金玉。又相传犀角可解毒,因此用作酒器,雕成种种不同式样,这里指的就是犀角高杯。作者用点犀,寓意为"通心乔",也就是假到底。都是对妙玉假充风雅的讽刺。

六、白撩(liào)了——白摔了意思。

七、祟书——旧社会流行的通行巫书,即指《玉匣记》一类书,内中专载送祟、辟邪、圆梦和动土出行拣选方向日子一些简单巫术符箓、咒语、丹方。

八、一斗珠——从胎羊羔中取出的皮料,因细毛卷曲如珠子,通称珍珠毛。(黑羔多作灰白色,名草上霜,又名青种羊,当时极贵重。)清代一般多用作春秋二季外套或裙里。作外套有反穿的。

九、供奉——封建帝王身边应差供职的技艺人,通称"御前供奉"或"内廷供奉",因王太医供职太医院,是宫廷医生,称供奉表示尊敬。其实当时太医已近于官医。

十、镜袱——袱本指包袱。明代以前圆式铜镜多用镜套,外用锦绣,里贴薄棉,可以保养镜面。清代玻璃方镜兴起,名叫镜帕。"帕""怕"同音,俗多忌讳,因称"镜袱"。镜帕多用丝绸做成,绣上吉利图案文字,"麒麟送子""联中三元""丹凤朝阳""和合如意"是常用题材。又因世俗说小孩晚上照镜易做噩梦,镜子平时更必有镜帕遮上。

十一、苦瓠子——即"苦仁",借作苦人谐音。

十二、丁是丁卯是卯的——凡事认真、分明、不通融意思。语原由于丁在十支中属第四,卯在十二时中也属第四。因世俗验兵名"点丁"和衙署"点卯"是两回事,常混用,说书人打诨即凡事(谐四)通融。这里意即凡事(四)不通融。

十三、巧姐儿——因民间流行故事有七仙姐下凡尘和孝子董永配婚故事,下来不多久又得回返天上。照世俗说法凡事一点破就不碍事,所以刘姥姥为取名巧姐,并说"以毒攻毒"。

十四、成窑五彩小盖锺——明成化时烧豆彩瓷,胎薄釉细彩色鲜明精美,多作写生花鸟或婴戏图。作子母鸡的通称鸡缸,明末价值已极贵重,一对值百两银子。在明清小件彩瓷中称绝品,这里指的也就是这一类小茶盅。一般说来这类小茶盅不常用盖的。

十五、乌压压——即俗说乌鸦鸦一片黑意思。因乌鸦行动必成群成阵,世俗用来形容人多即说乌鸦鸦。本出于小儿口语。

十六、广花——指广东花青。

十七、胭脂十二帖——当时胭脂多浸渍于薄棉上,叠成三寸长方小帖,和其他颜料处理不同。

十八、海棠花式雕漆填金云龙献寿小茶盘——这类茶盘多康熙时做的。夹纻胎,红漆刻万字地盘龙中裹一寿字,或作一圆,中作篆文寿字。花纹填金及五彩。作海棠四瓣式的,径约六寸。

十九、鬼脸青——指霁蓝釉或回青釉色。中国陶瓷从唐代起始,优秀陶瓷工人就已正确掌握了蓝色釉料,配合汉代以来发明的黄绿二色釉，因之产生世界著名的唐三彩陶。这种敷釉技术发展到明代宣德时，江西景德镇烧官窑瓷，利用苏泥渤青，因之产生宣德青花瓷。到万历嘉靖，又用云南得到的蓝釉料，因之产生万历嘉靖青花，色较沉重，作深蓝色，通名回青。清代康熙时烧一色釉蓝釉瓷，多回青，俗名"鬼脸青"。原因是从唐吴道子起始，一般画地狱中魔鬼的脸多作靛青色，釉色相近，因此名叫鬼脸青。

廿、碧绿凿花——当时圆明园中一部分建筑面地砖，也就用到小方琉璃花砖。如故宫太和殿砌墙脚花砖相近。

廿一、阿物儿——即"什么东西"，是故意学南方语，有轻视意。

廿二、老公——宫中内监通称。

廿三、翩若惊鸿……——引用三国时诗人曹植（子建）作的《洛神赋》中有名形容洛神美丽句子。

廿四、凤凰——用百鸟捧凤凰俗话，形容宝玉为一家重视中心人物。语气中夹有"活宝贝"嘲讽。

廿五、夜叉——或作罗刹。传说海中有罗刹国，全是女子，美而狠毒。后来通借作对于凶恶妇女形容。

廿六、一条藤儿——砍柴割草必用一条藤儿捆在一起，这里借用作亲密合伙形容，即打成一片、一鼻孔出气意思。

廿七、涎言涎语——即谵（zhān）言谵语。患羊痫疯的病发时口角流涎，并胡言谵语。这里意思正是指贾琏装疯装傻。

廿八、馋嘴猫儿——本俗谚"那有个馋嘴猫儿不吃腥"而来。

廿九、煞性子——即出气，两人撞突都来派平儿不是。

卅、宣窑磁盒——指明初宣德年间，政府在江西景德镇烧造的青花瓷盒。因宣德时青花瓷特别著名，凡说宣窑多指青花瓷，正如说成窑指成化豆彩瓷一样。

卅一、抚恤——这里是抚慰，安慰意思。和后来对于身遭不幸的人物质赠予不同。

卅二、水晶心肝玻璃人儿——凡事一切透明意思。话中有嘲讽意。

卅三、酒后无德——系引用戏文中俗语。即"原谅醉人"意思。醉谐罪字。因请求"恕罪"，所以众人皆笑。

卅四、正根正苗——正当规矩种子。借作正经子弟形容。

卅五、陈谷子烂芝麻——老而无用的废话形容。

卅六、生死有命富贵在天——引孔子《论语》中文句自解。

卅七、司马牛之叹——因《论语》中孔子弟子司马牛曾说"人皆有兄弟，而我独无"。这里引用不必为无兄弟而难过。

卅八、掐金满绣——指用羊皮金掐边绣遍地花。

卅九、信子——即帽顶当中铜或竹木小棒。旧时烟火鞭炮必插一药线，点燃后到一定时候就发作，名引信。这里借用作帽顶那个小棒形容。

四十、羊角灯——指明代以来就使用到的明角灯。用角质薄片做成的扁圆式灯，是玻璃灯的前身。

四一、扎窝子——小猫小狗多喜聚在一个窝里，因此借作对于人亲密要好不易分开的嘲笑。对宝玉爱在姊妹中厮混有讽刺意。

四二、牛不喝水强按头——是歇后语"勉强不来"。

四三、六国贩骆驼——是歇后语"到处招摇撞骗"。嘲笑到处说大话哄人。

四四、丢下钯（pá）儿弄扫帚——是歇后语"凡事都捞一手"。（乃北方俚语，谓秋夏时节豆麦登场，农家妇女于烈日下晒打粮食，权翻帚扫忙得难得片时喘息——王孖补注。）

四五、填限——出于俗话"天坍了有长子顶，地陷了有胖子填"，意思本是凡事与己无关。填限即填陷，则有身充胖子代人受过牺牲意。

四六、开了果子铺——是借用《水浒传》鲁智深拳打镇关西一回中对于恶霸郑屠户脸上被打后形容。人打得红红紫紫，好像果子铺水果的五颜六色。

四七、青金闪绿双环四合如意绦——指用青金绿绒石雕成四合如意头的双套扣环的系腰丝带。

四八、掐金挖云红香羊皮小靴——指用广东羊皮金掐边挖空成云如意头的麂皮靴。

四九、莲青斗纹锦上添花洋线番耙（bā）丝的鹤氅——指雪青色（也即是藕合色）方胜纹地加团花或折枝花的外来毛绒披风。当时这类材料有倭绒、倭罗绸、剪绒，等等。

五十、挖云鹅黄片金里子大红猩猩毡昭君套——指嫩黄色织金缎子挖成云头如意折边里子的大红毛呢面的女帽兜。

五一、水红妆缎——指浅红地妆花彩缎。

五二、靠色三厢领袖秋香色盘金五色绣龙窄褃小袖掩衿银鼠短袄——指领袖间镶三道窄边、菊黄色缎面上绣五彩并盘金线龙纹的小袖口偏襟银鼠里短袄。

五三、是真名士自风流——这是有名联语，上联是"惟大英雄能本色"。并不说出，但意思却在上联。湘云意思即先来痛痛快快吃个酒醉饭饱，用不着假清高，也并不妨碍作诗。

五四、石青刻丝八团天马皮褂子——指宝蓝色底子五彩刻丝作八团花的面，银狐皮里的出风褂子。

五五、妆奁——这里指镜匣类化妆用具。但在另一时，一般常指女子出阁一切陪嫁箱笼什物。

五六、玻璃绣球灯——指用硬木作骨架拼合十二或十六方做成的球形灯，这种灯宋明以来多是用纱糊成，上面并绘彩画，清代才用玻璃做，上面还是作各种粉彩杂画，和绣球一样，所以名绣球灯。一般悬挂的，下座还多垂一圈丝线穗子作装饰。

五七、剖腹藏珠——是俗话"因小失大"意思。因珠子极小，人生命贵重，为藏一粒珠子而剖腹，不上算。

五八、拿草棍儿戳老虎的鼻子眼儿——俗话，这里借用，意思是有意撩贾母发怒，自讨苦吃。

五九、搁不住他愿意——即保不定他倒愿意。只要鸳鸯愿意，贾母也无可如何。

六十、藕色——即藕合色，雪青、浅灰紫色。这时期这种绫子多作细碎小花。

六一、一把子四根水葱儿——长得齐齐整整形容。

六二、青缎掐牙坎肩儿——指青缎子材料镶窄滚边的坎肩。这时期牙子边，多是在一道七分宽色缎平边间另加一道宽一分不到的白缎或金银线牙子。

六三、水绿裙——浅绿色裙子，这时期料子多用暗花湖绉。

六四、弄鬼掉猴——耍把戏出毛病意思。

六五、揽总——即总管事。

六六、胶柱鼓瑟——瑟是古代丝弦乐器，瑟面有二十五条弦，弦下用人字桥式活动小柱承着，用来调整声音。如把小柱胶固在瑟面，奏曲子求音调正确，自然发生困难。这里是借用《战国策》上一个故事说的。故事说诸侯派个人出去谈商问题，一切要照到嘱咐的做去，那人就说，这和胶柱鼓瑟一样，无从奏出好听的曲子。意思就是凡事得临机应变，随地点、时间、条件不同而处理。如相反，就近于胶柱鼓瑟。

六七、桃红百花刻丝银鼠袄——指桃红地刻丝作杂花面子，银鼠里的袄子。

六八、风毛——清代习惯皮衣或棉衣，在领口、对襟、下摆、开衩等处，露出一部分皮毛，或有意加上贴边皮毛，叫作"出风"。风毛就指出风部分而言。一般多指小毛如獭皮、珍珠皮、貂皮、银鼠灰鼠皮必出风。大毛中也有用海龙皮出风的，唯帝王袍服使用。

六九、蝎蝎螫螫——蝎尾小针，螫人极痛。被扎的必啊嘀嘀嘀，嗳哟哟哟叫嚷。这里只是借用因一点小事大嚷大叫的形容。

七十、孔雀金线——用孔雀尾毛捻成的金线，清初有用它织成蟒袍的，也有用来绣花的。

七一、界线——即"钉线"。这里指的是把孔雀金线平列，再用细丝横钉。

七二、通官——即翻译官。旧名通事。唐宋以来，中外文化交流，海舶出口和主持海外贸易的唐代番舶司，宋代市舶司衙署，都设置有一定名额。

七三、火箱——式样极多。南方又名火桶。有一种用木做成方桌大的三尺来高桶子，边沿加宽，可以坐人。底下有个木格子架，架下搁一小小火盆，就可取暖，也有叫作"薰笼"的。唯一般薰笼多指竹篾编或上罩圆形竹篾顶，可以烘衣。有提梁的小型的名"烘笼"。又汉代烧香用的博山炉也叫薰笼。

七四、押岁锞子——岁暮年末时，亲友团聚，年轻晚辈必向年长的叩头辞岁，长辈即分赠用红纸包好的礼物，或暗放孩子们枕头下，通名押岁钱，或作压岁钱。一般人家多用红绒绳穿制钱一二百成串，讲究的用预先做好的各式大小金银锞子。正如这里说的梅花、海棠、笔锭（谐必定）如意各式。

七五、焚池——指焚化纸钱、金银箔锞子的长方铁盆子或圆炉子。

七六、象鼻三足泥鳅鎏金珐琅大火盆——指三条象鼻形上大下小的曲腿，圆腹铜胎镀金景泰蓝大火盆。宫廷中典型式样，约高四五尺，大三尺，有一透空罩。

七七、云龙捧寿——有单盘龙中篆一圆球形寿字的,也有双龙中篆一灯笼式寿字的。

七八、眼镜匣子——清初老光眼镜别名"叆叇（ài dài）",多用玳瑁白铜镶边脚,脚可两折,柄部如一小圆饼。平时折起来放在一个腰圆形小匣子里,匣子有用刻丝纳锦绣裹的,有用鲨鱼皮包裹的。

七九、羊角、玻璃、戳纱、料丝……——一指明角灯,二指板玻璃灯,三指薄纱戳花灯,四指用玻璃丝做的灯。

八十、发科诨——戏文中说趣话叫打诨,这里指即景生情的打趣。

八一、小笸箩——指竹或藤编径六七寸小扁箩,多用朱红漆过。

八二、热孝——亲长死去未满百日通称。

八三、好刚口——刀口锋利俗说"钢火好",也作"刚口"。这里借用作凤姐能言会说形容。也就是"好锋利"意思。

八四、发脱口齿——即俗话信口打哇哇意思,自谦如小儿刚会开口说话,语不成腔。

八五、传梅……黑漆铜钉花腔令鼓——行酒令有"击鼓催花"式的,即传梅。把一枝花遍席沿座传去,另一人在一旁击鼓,鼓声一停止,花在谁手中,谁就得饮酒或做其他游戏。

八六、沤子——即胰子水、肥皂水,洗手时起泡沫,所以叫沤子。

八七、数贫嘴——旧社会民间艺人,不能得到正当职业,多只能靠唱莲花落乞讨生活。随口应景编唱,到一处说一处,有时还两人对唱不息。铺子中人叫数贫嘴。这里借来笑骂凤姐。因为凤姐内中隐射到在席的全体,大家还不明白。所以下面接说放炮仗故事。

八八、靶镜——有鎏金或发蓝刻花把柄的,玻璃砖椭圆形手镜。当时新兴事物。

八九、墙倒众人推——歇后语,大家有份。

九十、骑上老虎——即俗话骑上老虎背,想下下不来。无可奈何意。

九一、几件大事——指三四位姑娘出嫁,少爷娶亲,贾母死亡办丧事。

九二、省一抿子——抿子,一种小刷子,拢发必用它蘸一点油或泡花水。这里借作只要不拘什么地方少花少用一点意思。

九三、没有长翎毛……拣高枝儿上飞——小鸟学飞名叫"告翅",必照母鸟行动,由此到彼。不小心向高处飞,力弱不济事,常跌下地。这里借用作忘本责备。

九四、姬子书——因《尚书·洪范》篇出于伪托,这里仿题书名,瞎编文章取笑。

九五、倒像杀了贼王,擒过反叛来的——借用戏文中保驾立功意,批评芳官狂妄自大。

九六、你还和我梆子似的——借打更或卖东西敲的木梆形容人嘴硬不服输,和俗话"口中梆梆响"意思相同。

九七、撞丧的撞丧去了,挺床的挺床——世俗迷信传说活无常鬼到处走动,又叫丧门神,这里借来骂不在宝玉身边的人。挺床即挺尸,硬挺挺地睡在床上的死尸,这里借来骂害病的。

九八、扎个筏子——有意找一件事情借口意。

九九、杩（mà）子盖——即尿桶盖。五十年前小孩留发，中心剃去，四周留一圆圈，如旧式尿桶上盖，逗笑名叫"杩子盖"，还有一首打趣儿歌："杩桶盖，盖腌菜，盖不严，不耐烦。"这里用的是甩掉你头皮意思。

一〇〇、窝里炮——俗谚"窝里炮，炸自己"。这里借用作自相残杀意思。

一〇一、炭篓子——做官必戴乌纱帽。欢喜人奉承的因此俗称好戴高帽子。这里意思是好奉承，给个炭篓子戴戴，也有求必应。

一〇二、堆绣荷包——在绣花部分下垫棉花，形成浮雕效果的，名叫堆绣。四面扣合或指四合如意式，所以内中才能装一小金寿星。

一〇三、那牌儿名上的人——旧式纸牌和行酒令的象牙牌，都有作《水浒》上人物的，画家龚开和陈老莲都画过这种故事人物画。这里借用，就是"自己既非宋江，也非李逵，不过一个无名小卒"意思。

一〇四、小连环洋漆茶盘——康熙雍正之际连环重叠式仿倭漆细描金茶盘。

一〇五、猫儿食——猫好偷吃东西。这里用来嘲笑宝玉正经的不吃专好零食。

一〇六、玉色红青驼绒三色缎子拼的水田小夹袄——这里指的是月白色、天青色和驼毛色三类缎子剪成方胜格子及三角形拼缀如和尚衲袈裟图案的小夹袄。驼绒色在元明称驼褐色。

一〇七、柳绿——本名"柳芳绿"。如新柳初出的嫩绿色。

一〇八、绒套绣墩——指用绒套垫的鼓式墩子凳。明清之际绒垫套多作梅花式或海棠式。有用挖空堆花法做成的，有用铺绒长针绣花做成的。

一〇九、白彩定窑——这里指清初在江西烧的浆胎仿宋粉定瓷，不是宋代河北定州烧的白瓷。

一一〇、用两手握着——指用两手蒙住。

一一一、鼓捣光了——出于俗话"一鼓隆咚罄净光"节语。即一扫光意。

一一二、赢瓜子儿——即打手掌。

一一三、有白事——俗称结亲办丧事作"红白喜事"。这里指秦可卿的丧事。

一一四、不犯做——即犯不着做、不值得做。

一一五、抓子儿——（或不注，或详注望参730页）

一一六、一盆火儿——即心热口热献殷勤。

一一七、撞丧那黄汤——出门去拼命喝酒意。

一一八、清水下杂面——是俗话"汤是汤，水是水，分个清浑"意思。

一一九、要会会这凤奶奶去——意思是别人怕她我不怕她。

一二〇、牛黄狗宝——通作牛黄马宝。牛马因病在内脏中生长一种瘤石类，旧医用作治疯病清心火的药。这里借用，把两个人比作畜生，心腹中见不得人的丑事都一齐公开。

一二一、落魄垂涎——形容二人如被打的狗，又丧气又馋。

一二二、现世宝——和"活报应"相似骂人话。即"现世报"。

一二三、做百日——旧规矩,有丧事人家满百日必为死者做佛事诵经,名百日道场。家中有的到这一天撤灵,把供帐供物大部分撤去。

一二四、我们奶奶的事——这一个奶奶指尤二姐,下一个指凤姐(上一个或应作我们二爷的事)。

一二五、在旁边拨火儿——和推波助澜、扇火扬灰等语意相近。又如装作事不干己,如俗话说"看水鸭子打架"。

一二六、抓尖儿——(原稿缺注释——编者注)

一二七、玩戏的人——即票友。结社的通称"围鼓堂子",也清唱,也彩排,凡人家有喜庆事,多邀约去玩唱,不受物质报酬,非职业性,所以说是好人家子弟。

一二八、蝎蝎螫螫——这里作畏畏缩缩形容。

一二九、好个爱八哥儿——即好个可爱的八哥儿。也就是好个可爱的能言鸟。是骂人粗话。正和《水浒》上常用的鸟字意义相近。(这种转弯抹角的巧话、反语,书中用的相当多,直解法难得本意。)

一三〇、棉花耳朵——男子耳软,轻易听所爱的人话语的形容词。

一三一、点眼——即点眼药。流泪本为悲哀,点眼药是并不因悲哀而流泪。通常大人笑骂小孩不必哭而哭,就说"你又点眼药了!"

一三二、临阵磨枪——枪即矛或梭标。临作战才磨它,未免缓不济急。一般多用来作平时不读书临时用功的形容。

一三三、衾单——（这一条原注可去掉，因指的只是把被单盖上。）

一三四、软翅子大凤凰——一般美人沙雁风筝，多作平肚双弓式绷线硬翅，唯鹞子、凤凰用凸肚单篾绷线软翅。至于蝴蝶，则软翅下还垂飘一双脚翅。螳螂则双重软翅。系顶线角度不同，上起时情形也不大同。硬翅式较小，在空中斜飘，软翅式较大，在空中多盘旋。

一三五、籰（yuè）子——南方竹制的络丝工具。有大过二三尺的。这里指放风筝用的小型绕线工具。普通多木制，有四方六方八方各式，讲究的还用硬木做成，中心黄铜柱必贯上小制钱数枚，转动时还哗喇喇的响。北京说线桄（guàng）子，南方说线扒子。放蜈蚣鲢鱼劲大线粗，多搁在木架上使用，这种籰子也有长大过二尺的。

一三六、沉香拐——指沉香木做的拐杖。

一三七、腕香珠——沉香或伽南香做的十八子珠串。

一三八、溜——骂人献小殷勤叫"溜沟子"，简语说溜。

一三九、大红缎子刻丝满床笏，一面泥金百寿图的——指一面是刻丝作"满床笏"戏文，或郭子仪上寿故事，一面是红缎用泥金画百个不同寿字的大屏风。

一四〇、腊油冻的佛手——寿山石半透明的通称冻石。如乳白色名鱼脑冻，黄如蜜腊的叫腊油冻。这里指黄寿山冻石雕的佛手柑。

一四一、会变法儿——指玩魔术变戏法而言。

一四二、头面——指金银珠玉首饰。现代旧戏后台术语还用到。

一四三、爱巴物儿——即一二九语意，一般用有"活宝贝"意思。

一四四、玉带版子——即玉带头，清初极讲究玉带头。有作大小辟邪浮雕的，俗名蟠螭虎。有作云如意头的。这里似指用玉皮带黄斑素净不雕的二种，通作方版式。从唐代起即重玉带，和官品发生联系。多雕若干方圆及桃形小片镶嵌于皮或丝绦上。现代旧戏行头道具所用，还多明代式样。

一四五、同心如意——用丝绦编成的方寸大双叠方胜如意，一般作爱好表示。或称合和如意。

一四六、"可着头做帽子"——和俗话"量体裁衣"意思相同，借作大小无伸缩活动余地形容。

一四七、鹄——即箭靶子，古代名射侯。有各种不同式样。一般的多是用红白套圈的方式圆靶。

一四八、趁热灶一气炮制——用煎炙药物作驾驭薛蟠比喻。

一四九、竖旗帜——戏文中作大将必竖个帅字旗。这里借用。和独张一军意思相同。

一五〇、有酒胆无饭力——装英雄无真本领嘲讽。

第三册

一、"嫁出去的女孩儿，泼出去的水"——是俗话"不会回来"的意思，或从"覆水难收"朱买臣故事发展而成。

二、"对酒当歌，人生几何"——是三国时曹操在长江大船上月下宴饮作的有名诗歌。因下文还有"来日苦短，去日苦多"语，才觉刺一心。

三、"放浪形骸之外"——是晋代著名书法家王羲之作的《兰亭集序》中话语。是不受世俗礼教拘束意。原出《庄子》文句。

四、鲫瓜儿——小鲫鱼。

五、卤人——遇事粗心大意的人。

六、杨叶窜儿——又名杨条鱼、羊角鱼，身子狭长如杨叶，喜成群在水中游动。

七、打了个照面儿——宋朝以来把镜子叫作"照子"。人用镜后就会搁下。后来凡见一面就离开，就说打了个照面儿。

八、旧书全要理清——旧时私学读书，读过的都要能背诵。全要理清就是全能背诵意思。

九、绣个槟榔包儿——清代旗人多喜吃槟榔，用小荷包装上，荷包面有衲丝、戳纱、刻丝、平金各种绣法。

十、辘轳一般——井上吊桶取水的活车终日转动不息。整个句子是俗话"心中如十五个吊桶，七上八下"，心不安定形容。

十一、妆奁——本指女子梳妆用的分层漆套盒，装有铜镜、梳篦、小脂粉盒等物。因女子出嫁必随身带去，后来通借作陪嫁全部财产的名词，化妆镜匣只是其中一种。

十二、放定——旧时订婚，必凭媒婆携带泥金龙凤红纸庚帖，写好男女双方生辰年、月、日、时八字，和约婚礼物，俗名下定，又称放定。

十三、着了风了——指风寒感冒。如说中风，即指脑溢血一类疾病。

十四、痰盒——清代痰盒多指高约三寸，径口大二三寸的敞口敛肩大腹小盂，有瓷的，有画珐琅洋瓷的，常搁在炕头条几上，不在地下。

十五、一句也贴不上的——意思是所说的和自己全不相干。

十六、没有王法——即造反。这里用到有"简直是造反"意思，即无规矩到不成样子。

十七、收拾摆设的水晶宫似的——传说海龙王宫殿多宝物，因此一般借用来作建筑陈设豪华阔气的形容。

十八、递个职名请安——清代制度，全国封疆大官和政府重要官僚，在一定时期，都要用黄绫奏折写个请安帖子，并把本人官职姓名写在下边，送达政府，还得自称"奴才"。帝王常常批个"知道了"完事。

十九、亲丁——指家属中成年的人。这里专指女的。

廿、有照应——见过场面、凡事吃得开意思。

廿一、绿轿——指绿呢作轿衣的官轿。

廿二、琉璃照耀——似指当时新使用的四方或六方玻璃宫灯。至于乳白色料琉璃灯，宋代就已使用，清代倒已不常用。

廿三、文字——指科举所需的八股文，试帖五言八韵诗。

廿四、虎头上捉虱子——是俗语"冒犯虎威"的具体说法。旧小说常用语。

廿五、小软儿——弱小不中用。

廿六、扫帚颠倒竖——是歇后语"没个上下"。

廿七、说开——当面说明白。

廿八、挑拣——即拣精选肥有意为难意。

廿九、行点好儿罢——是借用庙会前乞丐口吻,也即是小说中常提起的得饶人处且饶人意思。做好事积点德,不必那么狠心。

卅、不像个过日子的人家——意思是吵得个地覆天翻,不得宁息。

卅一、迎手——即引枕。

卅二、引子——中医用药,丹方中必加一点灯草、葱头、生姜,启发药性,通名引子。语原或出于点灯用灯芯引油可以放光。因此说书开场白,也叫引子。

卅三、胖子也不是一口儿吃的——全语是胖子的胖,不是一口儿奶吃成的。意思是凡事有个原因,读书也得慢慢教导。

卅四、"莫知其子之美"——借用《孟子》书中语。原文是"人莫知其子之恶",贾政说它,实带自嘲意。

卅五、人事儿——指做人道理。

卅六、开笔——指正式做科举文。第一、二题出于《论语》,第三出于《孟子》。

卅七、(原稿空缺——编者注)

卅八、背晦——一般常用作背时倒霉意,这里却指昏聩糊涂。

卅九、往死里糟蹋——旧社会官府断案,得贿赂常故意陷人于罪。通常借作专找大错派到人头上形容。

四十、绣墩——指一般瓷或木做的鼓式墩子凳而言。古代男女席地而坐,到晚唐才有变化,起始用坐椅。男女还是不同。男子由胡床交椅、禅榻发展成直背靠椅,比较高。女子由竹制薰笼发展成鼓式绣墩和月牙机子,比较矮。宋代还是不尽相同。沿袭到清代,女子普通还是用墩子。上多用绣袱,宋代以来,通称绣墩。

四一、相敬如宾——后汉梁鸿孟光夫妇,为人耕田力作,每遇饮食,孟光还举案齐眉,夫妇相敬如宾。后来通作夫妇之间礼貌周到形容,因此黛玉红脸。

四二、上篇上论——引古论今出口成章意。

四三、琉璃戏屏——当时由广东烧造的玻璃屏风,还算是时髦贵重的事物。

四四、吃糠——元高则诚著有名《琵琶记》中一则。

四五、有斟酌的刀笔先生——即笔下轻重有分量的好律师。也即官司有手段的律师。

四六、当槽儿——酒坊通称槽坊,似因古代酒必压出,当槽原指掌管压酒而言。后来却指一般堂倌而言。

四七、详——上呈公文。

四八、师旷——春秋时齐国著名盲音乐家,为人极聪敏,能言敢谏,并深明乐理。

四九、文王——似指相传为文王被囚于羑里而作的《幽兰操》曲子。

五十、鹤氅深衣——指古代有道隐士穿的一种大袖衣服,和上褂下裙连接的古装。

五一、讲究——指讲解研究。

五二、双陆——（参1015页改）

五三、娇嫩物儿——本是对小孩形容，有活宝贝意思。这里是借用。

五四、泥金角花的粉红笺——明清之际即流行在信笺诗笺一角印花绘花的习惯。有单色，有复色，最著名的有十竹斋笺谱。这里指的是用金粉绘的。一般多是折枝花。

五五、紫墨色泥金云龙笺——即茄皮紫颜色用金粉画云龙的笺纸。

五六、杨妃色绣花绵裙——牡丹中有一种浅粉红色的，名"醉杨妃"。这里说的就是这种粉红色的用纳锦法绣的裙。一般花锦是不作兴再加绣的。

五七、鹤仙凤尾，龙池雁足，断纹——七弦琴身……

五八、不犯——和不必或用不着意思相同。一般常用"犯不着"三字。

五九、嘴懒脚嫩——即不会说不肯动意思。相反就是口甜手脚麻利溜刷。

六十、宝蓝盘锦厢花线裙——指宝石蓝色的线春绸面用盘锦法绣成的裙子。乾隆时结子满地花绣法叫作盘锦，多是牡丹蝴蝶作主题。也有用丝线界成格子锦纹，或用纳丝法处理的。后一式多用于荷包扇囊镜帕、枕头和裤脚。至于挽袖和裙子部分长方装饰，前一式较多。

六一、片金边琵琶襟小紧身——金锦中两种，凡捻金线织成的叫捻金，缕金法织成的叫片金。明清以来多用片金织的斜裁作二分到八分宽条子，镶衣裙边缘。又背心袄子凡下襟不到头即裁短一方角的，名琵琶襟。这里指的是片金作边琵琶襟小贴身袄子。

六二、县里主文相公——指县署专办文案的师爷。

六三、拉锁子——即锁丝绣法。是从汉代以来传下的绣花技术。每下针用另一针横格，拉紧后再抽针，在材料上做成一小环，连绵不绝，古代名"长命"。清代续有发展，用双线密集钉绣，就成结子绣，又称打子。单行仍叫锁丝。

六四、硝子石——即琉璃料。明代以来，就已把它和玉石、象牙等物用作大小插屏挂屏镶嵌使用。

六五、下了梆子——旧制，每到入晚断黑时，衙署军营必奏起更鼓乐。坊巷和大户人家宅院，用更夫敲梆子巡夜。这里说的表示已过初更。

六六、掌班——又名管班。旧戏班必有一拿总的，通称掌班。在另一时，也叫妓院老板名掌班。原因妓女古代本来以乐舞为重。

六七、虎纹锦、鲛绡帐——虎纹锦是汉代锦名，多作虎形在山云中跳跃，清代并无这种锦。鲛绡帐是从唐代笔记小说中引来，传说是海中鲛人（即童话中的美人鱼）做的。《红楼梦》中谈纺织物和部分器物，有当时真有的，有形容精美事物从前人文章中引用的。这里提的多是当时没有的。

六八、汉宫春晓——指宋人赵伯驹作的《汉宫春晓》图。大青绿山水人物楼阁画幅。明仇英也临仿过。又另有根据司马相如的《子虚》《上林》二赋绘的《子虚上林画意》图卷，也是用汉代宫廷作主题的有名画迹。

六九、向上巴结——这里指好好学习当时政府重视的科举八股文和学习礼貌应对。

七十、堂派的事——堂指公堂。这里是说上级衙门（用现在话说是部里）交派要办的事。

七一、撒野挤讹头——流氓无赖谩骂，或借故装死讹人。

七二、荆树——指紫荆花树。

七三、绣花针儿一般——是用旧小说中惯用语，绣花针落到海里一般，无个找处意思。

七四、洑（fù）上水的——指会向上头巴结抬了头的一群丫头而言。鱼喜欢争上游，又浮到水面即见阳光，洑上水是对于鱼的形容，这里借用。

七五、在坛子里——和俗话"闷在鼓里"相同，就是外边事一概不知意思。

七六、大萝卜还要屎浇——是歇后语"多余的事"。这里借作用不着再三叮咛意思。有自嘲意。

七七、天外飞来——俗传西湖灵隐寺前小山峰是天外飞来的。后来常借用作"意想不到"的形容。

七八、脱了个影儿——脱影就是中国老式画相，又叫作传真。

这里是说如照晴雯样子画下一般，即一模一样意思。

七九、散花菩萨……——这一段描写大了胡扯。

八十、搬驳——盘问追究意思。

八一、传经——旧医专用名词，即感染影响经络。

八二、风声鹤唳——用东晋时淝水八公山下一战，打垮了苻坚南侵的企图。历史记载兵败以后，闻"风声鹤唳草木皆兵"，因此成为历史上有名成语。这里借作园中荒凉，诸人胆小无中生有的惊怕形容。

八三、推顺水船儿——不费力跟着行动，有不负责任信口开河意。

八四、穿凿——无中生有添盐作醋意。

八五、道纪司——管道士作法事的头目。

八六、拿取瓶罐，将妖收下——道士骗人迷信，以为瓶子里有气已经把妖魔吸入。

八七、圆了个谎——圆有成全意。即凑成他的谎，看不出缺处。但说"圆梦"，却近于解释所梦到的问题。

八八、荒信——即荒唐消息。

八九、金头银面的妆扮起来——形容这些人的丈夫在外贪赃纳贿。

九十、水性人儿——旧小说形容女子感情不稳定，容易和男子发生爱情，多说水性杨花。

九一、话头儿——即话中有话意。

九二、枷楠——或作伽楠，奇南。是沉香中色黄如蜡而有金丝的。

清代价极贵，出南洋各地。

九三、古玩软片——一般指绘画卷轴册页而言。有时包括绣件。

九四、天鹅绒——用天鹅茸毛捻线织成，细柔光软，在明清纺织物中价格极高。技法传自日本，清代福建漳州用丝绒织成，当时缎子值一两二钱银子一尺，天鹅绒值三两五钱一尺。比同时细绫价高十五倍。

九五、倭缎——指日本花式缎子，清代在广州织造，织较薄，花朵小，后称广缎。又有一种倭罗绸。又有一种倭罗布，漳州织，用棉麻混合织成，有罗纹。

九六、洋呢——指当时镜面咔喇。有各种颜色，以石青、红紫、灰褐各色精美。当时多用作披风、马褂，较后才用作桌围椅垫。冬天官轿用绿呢，比较粗。

九七、氆氇（pǔ lu）——西藏出特种毛呢。幅阔仅一尺许，质松绒厚，有红紫白黄棕各色。上多染印杂色十字花。可做衣料也可做垫毯。质料有极精的。汉代以来，由西北来的细罽氍毹（qú shū），性质或和它相差不多。

九八、线绉——即熟丝线织成的绉绸，幅宽一尺八寸，极结实，柔软，多本色花。

九九、羽缎羽纱——清初外来鸡鸭毛织物。还有羽绉、羽绸，各以质地不同得名。根据旧记，羽绉似线绉，无花。幅宽二尺四寸，太阳下照有金星。羽绸黄边起毛。

一〇〇、脂玉——即羊脂玉，乳白如羊油。古代形容为"白如截肪"。清初极重视，多用作小件装饰雕刻。

一〇一、尚有臂膀——即有个帮手意。

一〇二、职员——有官职的人员。

一〇三、坐夜——出殡前夕，向例亲友必在棺前伴灵过夜，名坐夜。

一〇四、犯杀犯剐——封建社会犯忤逆不孝罪过的，和反叛一样，身受凌迟之刑。所以后面薛姨妈说是恶誓。

一〇五、硬着肠子——即俗话硬着心肠。无情感意思。

一〇六、他那端庄样儿一点不走——不失去原有端庄样子。

一〇七、并没有过明路儿——指非正式的妾。旧社会结婚必三媒六证，纳妾也有一定礼数，袭人并没有经过这种手续。

一〇八、狠狠的吩咐他——怕花家人不愿意，用话压住花家人。

一〇九、更进一竿——即"百尺竿头更进一步"，一般用作精益求精，或更深入一层理解意思。语原出于爬竿杂剧，汉代名"缘橦"，唐代名"戴竿"，流行已两千年。

锦绣未央

蜀中锦

谁都知道"蜀锦"是指四川成都织造的花锦，可是蜀锦究竟是个什么样子，在历史发展中，每个时代花样有什么特征，它和江浙生产又有什么不同，还少有人认真注意过。试来问问在学校教纺织工艺图案的先生，恐怕也不容易说得明白。原因是如不能把文献和实物相互印证，并从联系和发展认真探讨分析，不论是成都蜀锦，还是江宁云锦，都不大容易搞清楚。

春秋战国以来，锦出陈留，薄质罗纨和精美刺绣出齐鲁。可知当时河南、山东是我国丝绣两个大生产区。汉代早期情形还不大变。因此，政府除在长安设东西二织室外，还在齐地设三服官，监造高级丝绸生产。为团结匈奴，每年即有几千匹锦绣运出关外，赠予匈奴诸君长。近年在内蒙古新疆出土的锦绣，证明了历史记载的真实。当时上层社会用锦绣也格外多，"刺绣纹不如倚市门"之谚，一面反映经商贩运的比生产的生活好，另一面也说明生产量必相当大，才能供应各方面的需要。

蜀锦后起，东汉以来才著名，三国鼎立，连年用兵，诸葛孔明在教令中就曾说过，军需开支，全靠锦缎贸易。产量之大，行销之广，可想而知。曹丕是个花花公子，好事卖弄，偶尔或者也出点主意，做些锦样，因此在《典论》中曾说，蜀锦下恶，虚有其名，鲜卑也不欢迎，还不如他派人织的"如意虎头连璧锦"美观。说虽那么说，曹氏父子还是欢喜使用蜀锦。到石虎时，蜀锦在邺中宫廷还占重要地位。唐代以来，河北定县、江南吴越和四川是三大丝绸生产区，吴越奇异花纹绫锦，为巴蜀织工仿效取法。然而张彦远写《历代名画记》，却说唐初太宗时，窦师纶在成都做行台官，出样设计十多种绫锦，章彩奇丽，流行百年尚为人喜爱。唐代官服计六种纹样，又每年另为宫廷织二百件锦半臂、二百件赠外国使节礼品用的锦袍，打球穿的花锦衣，且有一次达五百件记载。《唐六典·诸道贡赋》中，且具体说起四川遂州、梓州每年必进贡"樗蒲"绫。这种梭子式图案织物，到宋代发展为"樗蒲"锦，元明还大量生产，现存不下二十种不同花样，极明显多由唐代发展而出。五代时，蜀中机织工人又创造大幅"鸳鸯衾"锦。后来孟昶投降北宋，仓库所存锦彩即过百万匹。北宋初文彦博任成都太守，为贡谀宫廷宠妃，特别进贡织造金线莲花灯笼锦后，直到明清还不断产生百十种各式各样灯笼锦。成都设"官锦坊"，所织造大小花锦，又设"茶马司锦坊"，换取国防所需要的车马，有些在《蜀锦谱》中还留下一系列名目，且在明清还有织造。宋代每年特赐大臣的七种锦名，也还可在明清锦中发现。元代成都织十样锦，名目还在，就现存过万种明锦分析，得知大部分花纹图案，到明代也还在生产。蜀锦在艺术上的成就或工艺上的成就都显明，是万千优秀织工在千百年中不断努力得来的。蜀锦式样，从现存明锦中必然还可以发现百十种。近百年来格子式杂色花五彩被面锦，清代名"锦绸缎"，图样显明出于僮锦而加以发展，十九世纪晚期生产，上至北京宫廷，下及民间，都还乐于使用，其实也远从唐代小团窠格子红锦演进而来。现代晕色花样花锦，则是唐代蜀中云裥锦的一种发展。

蜀锦生产虽有悠久光辉工艺传统，两千年来究竟有些什么花样，特点何在，元人费著《蜀锦谱》曾为我们提供了一些线索。但是过去实少有人能结合实物，做进一步研究。一般人印象，只不过知道近代格子杂色花被面锦，是蜀中锦之一而已。近年来，我们对于古代锦缎，曾做了些初步探索，对蜀锦才有了些常识。古代工艺图案花纹，极少孤立存在。汉代部分工艺图案，多和当时神话传说有一定联系。

《史记·封禅书》等记载东海上有三神山，上有白色鸟兽和仙人一道游息同处，长生不死，通过艺术家想象，因此不仅反映在当时铜、陶制博山香炉和酒樽等器物上作为装饰，同时还广泛使用到一般石、漆、铜、木的雕刻装饰纹样上，丝绣也多采用这个主题，做成各种不同发展。图案基本是鸟兽神人奔驰腾跃于山林云气间。有些锦缎又在花纹间加织文字，如"登高明望四海"，可知创始年代，显然和登泰山封禅有关，如非出于秦始皇时期，必是汉武帝刘彻登泰山时。"长乐明光"是汉宫殿名目，"子孙无极"是西汉一般用语，由此得知，这些丝绸图案必成熟于西汉。汉文化的普遍性，表现于各方面，丝绸也受它的影响，这些在中国西北边缘地区发现的两千年前锦缎，即或是长安织室的产物，我们却可以说，古代蜀锦，也必然有这种花样。晋人陆翙（huì）著《邺中记》，即提起过"大小明光""大小登高"诸锦名目，更证实直到晋代，蜀锦生产还采用这种汉代图案。唐代蜀锦以章彩奇丽见称，花树对鹿从图案组织来看，还保持初唐健美的风格。梭子式图案的樗蒲绫、锦，花纹有龙凤、对凤、对牡丹、聚宝盆等不同内容一二十种。宋代灯笼图案花锦，发展到明清更加丰富多彩。格子杂色花样，如用它和汉代空心砖图案比较，可知或许汉代就有生产，特别是中心作柿蒂的，原出于汉代纹样。唯就目下材料分析，则出于唐代，建筑彩绘平棋格子的形式，和它关系密切。此后约一千年，凡是这种格子花锦，即或不一定是蜀中生产，也可以说是"蜀式锦"一个典型品种。

近半世纪以来，由于旧政权官僚政治的腐败无能，军阀连年混战割据，蜀锦生产受摧残打击十分严重。仅有一点残余，在生产花纹图案方面，又因为和优秀传统脱离，无所取法。提花技术方面，也不能改进。花纹色彩，都不免保守，难于和日新月异的近代上海、南京、苏杭各地生产竞争。直到近年，生产组织有了基本改变，由分散到集中，才得到新的转机。近年来虽努力直追，还是进展较慢，不能如本省其他部门工艺生产有显著提高。因此，谈到民族优秀遗产，求古为今用，综合民族的和民间保存下来的万千种锦缎好花样，并参考苏杭新提花技术，求改进蜀锦生产，使蜀中锦在国内外重新引起广大人民的重视，恢复本来盛名，应当是今后做研究工作的和主持生产工艺设计以及保有优秀技术和丰富经验的织锦工人共同努力的一个方向。看看近年四川改进的竹器，成绩就十分出色。但是研究工作要踏实，首先得有种新的认识，工作也相当艰巨。得抽出一定人力，投入大量劳动来整理材料，必须真正明白有些什么优秀遗产，才能好好利用这个优秀遗产！如停顿在原来认识基础上，只根据极少部分资料，半出附会，半出猜想，说这是唐，那是宋，谈研究，谈改进，都不能不落空。

织金锦

中国丝织物加金,从什么时候起始,到如今还是一个问题,没有人注意过。比较正确的回答,要等待地下新材料的发现。以目下知识说来,如把它和同时期大量用金银装饰器物联系看,或在战国前后。因为这个时代,正是金银错器反映到兵器、车器和饮食种种用器的时代,是漆器上起始发现用金银粉末绘饰时期,是用金捶成薄片上印龙纹作为衣上装饰时期。但是文献上提及锦绣时,是和金银联系不上的。春秋以来只说陈留襄邑出美锦、文锦、重锦、纯锦,锦字得名也只说"和金等价",不说加金。迄今为止,还没有发现过这时期墓葬中丝织物加金的记录。长沙战国古墓中,得来些有细小花纹丝织物(新近还发现棺木上附着的黼绣被),可不见着金痕迹。陕西宝鸡县斗鸡台,发掘过西汉末坟墓,虽得到些鸟兽形薄金片,或是平脱漆上镶嵌的东西,可不像是衣服上的装饰。西北楼兰及交河城废墟中,掘出的小件丝绣品,其中有些金屑存在,丝织物还极完整,不见剥损痕迹,当时是用金箔粘贴还是泥金涂绘,又或只是其他东西上残余金屑，不得而知。东汉以来，封建帝王亲戚和大臣的死亡，照例必赐东园秘器，有用朱砂画云气的棺木、珠襦玉柙。这种玉柙照《后汉书·舆服志》解释，是把玉片如鱼鳞重叠，用金银丝缕穿缀起来裹在身上的。一般图录中还没有提起过这种实物式样。中国历史博物馆的刘安意墓中出土遗物，有骨牌式玉片一堆，上下各穿二孔，穿孔部分犹可看出用金缕的方法，还是用细金丝把玉片钉固到丝织物上。当时这种金丝有一部分必然外露，但绝不会特别显著。

《史记》《汉书》都称西北匈奴胡人不重珠玉，欢喜锦绣。汉代以来中国每年必赐匈奴酋长许多锦绣。中国向大宛、楼兰诸国换马和玉，也用的是锦绣和其他丝织物。这种丝织物中，是有加金的，如《盐铁论》说的中等富人的服饰，即有"罽衣金缕，燕貉代黄"。说的金缕也可能指的是大夏大秦外来物。《晋书·大秦国传》称"大秦能刺金缕绣"。西北匈奴羌胡民族，既欢喜锦和金银，就有可能从大秦得到金缕绣。近半世纪西北发掘的文物，证实了史传所称西北民族爱好锦绣的习惯。在内蒙古和新疆沙漠中，得到的汉代丝织物，如带文字的"韩仁"锦、"长生无极"锦、"宜子孙"锦、"群鹄"锦、"新神灵广"锦、"长乐明光"锦和不带文字的若干种绫锦绣件，截至目下为止，还是中国古代丝织物中一份最有代表性的、珍贵的遗物。它的纹样和古乐浪汉墓出土的丝织物大同小异，恰是汉代中原丝绣的标准纹样（正和《盐铁论》说起过的，两地当时受中原墓葬影响情形相合）。中国科学院黄文弼先生，在他作的《罗布淖尔考古记》中说:"孔雀河沿岸之衣冠冢中,死者衣文绣彩,甚为丽都,虽黄发小儿,亦皆被服之。"遗物中有一片近乎织成刻丝的织物,上面作的是一匹球尾马拉一辆车子,文献和其他报告图录中,还从来没有提起过。但似乎没有见过刺金缕绣。其中一个青红锦拼合成的锦囊,记录上虽说是从魏晋之际古墓中得来,其实是正格汉式锦,一作龙纹,或即《西京杂记》所谓蛟龙锦,有"无极"字样。一作对立小鸳鸯花纹,有一"宜"字,似宜子孙锦,已启唐代作风。这些丝织物据朱桂莘先生说,当时或着金。但从提花纬线考查,不像加过金。在内蒙古北部古坟中,曾得到一小片桃红色有串枝花的毛织物。花纹和一般丝织物截然不同,和汉末镜缘装饰倒相近。如非当时西北著名的细罽,从花纹看,有可能来自大秦或西方其他国家,时代当在魏晋之际。

因《西域传》记载,中国丝织物加金技术上的发展,一部分学人即以为实来自西方。但是,一切生产都必然和原料发生联系。锦缎类特种丝织物生产,除古代的陈留襄邑、山东临淄,汉以来即应当数西蜀。金子生产于西南,汉代西蜀出的金银扣漆器,在国内就首屈一指。因此,中国丝织物加金的技术,说它创始于西南,或比较还符合事实。最早用到的,可能是金薄法,即后来唐宋的明金缕金法,明、清的片金法。丝织物纹样既和同时金银错纹样相通,加金部分也必然和金银错大同小异。

张澍《蜀典》引魏文帝曹丕《典论》,批评三国时丝织物说:"金薄蜀薄不佳,鲜卑亦不受。如意虎头连璧锦,来自洛邑,亦皆下恶,虚有其名。"循译本文的意思,即川蜀织的金锦和彩锦,送给鲜卑民族,也不受欢迎!洛阳有名的出产,品质并不高。《诸葛亮文集》则称"蜀中军需唯依赖锦"。可知当时蜀锦生产还是军需主要来源。川蜀是金子重要生产地,捶金箔技术,于蜀中得到发展是极自然的。

另一方面也反映出社会的需要。《三国志·魏书·夏侯尚传》称:"今科制自公、列侯以下,位从大将军以上,皆得服绫、锦、罗、绮、纨、素、金银饰缕之物。"说的即明指各种丝织物衣服上加金银装饰。或刺绣,或织成,则不得而知(用金银缕刺绣作政治上权威象征,从此一直在历史发展中继续下来,到以后还越来越广泛)。

喜欢用金银表示豪奢,在西北羌胡民族中,最著名的是石虎。陆翙著《邺中记》,称石虎尚方锦署织锦种类极多,可没有提过金锦。其中有"大明光""小明光"诸名目,这种锦在汉墓中即已发现,还是韩仁锦类汉式锦。但这时节印度佛教大团花已见于石刻,反映于丝织物,很可能就有了后来唐代的晕锦类大花锦、宋时的大宝照锦,用虹彩法晕色套彩,技术上比韩仁锦已大有进步,可不一定加金。至于当时的织成,则近于宋以来刻丝。有几种明白称金缕和金薄,说明小件丝绣用金的事实。《邺中记》又称,"石虎猎则穿金缕织成合欢袴",可见当时也用到比较大件衣着上。所说金缕即唐宋的捻金,金薄即后来的明金和片金(但唐人说缕金,却有时指明金,有时指捻金。捻金又可分后来克金式的和一般库金式的)。

《西京杂记》也记了许多特别丝织物,曾说"蚁文万金锦",这个著作说的虽是汉代故事,反映的却多是魏晋六朝时物质,蚁文万金似乎只是奇异贵重的形容,花纹正如西域所得锦缎,并非用金织就。

许多记载中,唯《蜀典》引曹丕批评,所说金薄蜀薄指的近于后来织金,且和曹操《上杂物疏》文中一再提起的"金银参带"漆器相关联。文中还提起许多漆器是用金银绘画的。

另外,东晋时也用泥金,王隐《晋书》称,江东赐在凉州的张骏以金印大袍。如金印大袍指一物,用金印必泥金方成功。

又《北史·李光传》,说赐光金缕绣命服一袭。还是像捻金绣,不是织金。

就情形说来,织金法大致至迟在东汉已经使用。川蜀机织工人所做金薄,必和所做金银扣漆器一样,当时实在具有全国性,既可得极高利润,自然会继续生产。

到三国时,由于中原长年战争影响到销路,也必然影响到生产。这时生产技术虽保留,品质已退步,不如本来。至于用捻金刺绣和捻金法,技术上有可能是从西方传来的。鱼豢《魏略》即称大秦能织金缕绣。至于在中国和泥金涂画,三种加金同时用到,当在晋六朝之际。以北方用它多些。原因除奢侈享乐,还有宗教迷信,谄媚土木偶像(《洛阳伽蓝记》提金银着佛像极多)。不久南北同风,南方用于妇女衣裙,且特别显著。隋代用泥金银即极多。到唐代,贞观时先还俭朴,及开元天宝之际,社会风气日变,一般物品多用金银,或金银装饰,如漆器中的平脱镜子、桌几、马鞍(姚汝能《安禄山事迹》还提到金银勺瓮笊篱)。加之外来技术交流,一般金细工都有长足发展,从现存实物可以明白。丝织物加金技术,也必然于此时得到提高。

捻金织物于是同样得到发展机会。不过从唐人诗词描述中看来，用于女子歌衫舞裙中的，还不外两种方法：一即销金法的泥金银绘画或印花；一即捻金线缕金片的织绣。以泥金银绘和捻金刺绣具普遍性，织金范围还极窄。

"银泥衫稳越娃裁""不见银泥故衫时""罗衣隐约金泥画""罗裙拂地缕黄金"，即多用于女人衣裙的形容。也间或用到男子身上。《鸡跖集》称："唐永寿中，敕赐岳牧金银字袍。"又"狄仁杰转幽州都督时，武后赐以紫袍龟带，自制金字十二以旌其忠"。这可见男子特种衣袍上加金银文字，从晋以来就是一种政治上的权威象征，不会随便使用的。又《唐书》称："禁中有金乌锦袍二，元宗幸温泉，与贵妃衣之。"段成式《酉阳杂俎》记元宗赐安禄山衣物中，也有"金鸾紫罗、绯罗、立马、宝鸡袍"。指的都是当时特种统治身份才能用这种加金丝织物衣服。

又《唐语林》称，贵妃一人有绣工七百余人。为了满足当时杨家姐妹穷奢极欲的享乐，衣裙中用金处必然极多。至于如何使用它，从敦煌唐代女子服装可以见出当时花朵的布置方法，主要多是散装小簇，即宋时金人说的"散答花"。串枝连理则多用于衣缘、斜领和披肩、勒帛。花式大都和现存唐镜花式相通（特别是男子官服中的本色花绫，如雁衔绶带、鹊衔瑞草、鹤衔方胜、地黄交枝等等，反映到遗物和镜文中，都极具体分明）。它的特征是设计即或用折枝散装花鸟，要求的还是图案效果。做法则刺绣和销金银具比较有普遍性，也有可能在彩色夹缬印花丝织物上，再加泥金银绘的。

《新唐书·肃宗纪》:"禁珠玉宝钿平脱、金泥刺绣",正反映元宗时金泥刺绣必十分流行,经安史之乱后,才用法令加以禁止。但唐代特种丝织物、高级锦类,一般生产我们却推想是不用织金,也不必用金的。韦端符记李卫公故物中有锦绫袍,陆龟蒙记所见云鹤古锦裙,说的都是唐代讲究珍贵彩色绫锦,文字叙述非常详细,均没有提起锦上用金。两种织物照记载分析,都近于后来刻丝。

日本正仓院收藏唐代绫锦许多种,就只著明有四种唐代特种加金丝织物。唯用金到衣服上,且确有织金和许多不同方法加金,开元天宝间《唐六典》已提到,用金计共有如下十四种:销金、拍金、镀金、织金、砑金、披金、泥金、缕金、捻金、戗金、圈金、贴金、嵌金、裹金(此为明杨慎所引,今六典无)。

唐人记阎立本画,有泥银打底,是和泥金一样把金银做成细粉敷上去的。若用于衣裙帐幔,大致不外是印花和画花。捻金是缕金再缠在丝线上成线,也可织,也可绣。一般说来,绣的技术上处理比较容易,用处也比较多。织金通常却用两种方法:一则缕切金银丝上机,是三国以来金薄法,唐宋明金法,明清片金法。一作捻金线织,捻金法有可能从西域传来。早可到三国时,由大秦来。晚则唐代由波斯通过西域高昌、龟兹诸地区兄弟民族,转成中原织工技术。北宋末文献记录已有捻金青红锦五六种。但直到明代,织金锦中用到捻金的,占织金类比例分量还是极少。清代方大用,是因细捻金线技术有了特别进步,才把这种捻金范围扩大的(最有代表性的,或者应数清华大学藏乾隆两轴刻丝加金佛说法图,径幅大到一丈六尺以上。原藏热河行宫，共十六幅，辛亥以后取回北京，存古物陈列所，日本投降后，不知为何被人偷出售于清华。还有一种细拉金丝织成的纯金纱，明代已见于著录，北大博物馆曾藏一背心，似清代剪改旧料做成）。

唐代宗时禁令中称：大张锦、软锦、瑞锦、透背、大䙱锦、竭凿锦（即凿六破锦，龟子纹发展而成的）、独窠、连窠、文长四尺幅独窠吴绫、独窠司马绫……及常行文字绫锦，及花纹中盘龙、对凤、麒麟、天马、辟邪、孔雀、仙鹤、芝草、万字、双胜，均宜禁断。

禁断诸绫锦名目，如瑞锦、大䙱、麒麟等锦，有一部分还可从正仓院藏绫锦中发现。这些锦样的设计，多出于唐初窦师纶。张彦远在《历代名画记》说得极清楚：

> 窦师纶，敕兼官益州大行台检校修造。凡创瑞锦宫绫，章彩奇丽，蜀人至今谓之"陵阳公样"……太宗时，内库瑞锦对雉、斗羊、翔凤、游麟之状，创自师纶，至今传之。

张彦远见多识广，笔下极有分寸，说的章彩奇丽，必然是在讲究色彩的唐代，也非常华丽。这些锦样真实情形，已不容易完全明白，但从正仓院藏琵琶锦袋（似织成锦）和时代虽晚至北宋、花式尚从唐代传来的紫鸾鹊谱刻丝（在《纂组英华》彩印过），内容我们还可仿佛得到一二。这种华丽色调，在宋锦中已有了变化发展，但反映于这片刻丝，还十分动人。一切事物都不是孤立存在的，所以此外，我们也还可以从同时流行反映于敦煌洞窟天井墙壁间彩画团窠方胜诸锦纹及铜镜、金银器上的花纹图案，得到唐代丝织物花纹基本特征。

因此我们明白，唐代丝织物工艺上的重要贡献，还是以花纹色调组合为主，即部分加金，也是从增加装饰效果出发，如正仓院藏加金锦和元明以来之纳石失、遍地金、库金、克金、以捻金或片金为主要的丝织物是截然不相同的。

丝织物加金有了进一步发展，大致是在唐末五代之际。丝织物花纹由图案式的布列，发展为写生折枝，也是这个时期。其时中原区域连年兵乱，已破败不堪。前后割据于四川的孟昶，江南的李煜，吴越的钱俶，政治上还能稳定，聚敛积蓄日多，中原画家和第一流技术工人，能逃亡的大致多向这些地方逃去。几个封建统治者，都恰是花花公子出身，身边又各有一群官僚文人附庸风雅，金银一部分用于建筑装饰和日用器物，一部分自然都靡费于妇女彩饰衣裙中。这些地方又是丝织物生产地，织绣工和当时花鸟绘画发生新的联系，大致也是在这个时期。唯关于这个时代的丝织物，除诗词反映，实在遗物反不如唐代具体（仅近年热河辽驸马墓出一件捻金织云凤类大袍或被面）。诗词中叙女子服饰用金极普遍。在瓷器上加金银边缘装饰，也是这个时代，从吴越创始各种"金银棱器"。

到宋统一诸国时，从西蜀吴越得来锦缎数百万匹，除部分犒军耗费，大部分是不动用的。北宋初年，宫廷俭朴和社会风俗淳厚，都极著名。旧有的还不大用，新生产也不会在这个时间特别发展。

直到真宗时，社会风气才有了变化。由于政治上的新中央集权制，一面是从诸国投降得来无数金银宝货，一面是从各州府财政收入统属中央，且集中京师，就有了个可以奢侈浪费的物质基础。其时正和占据北方的契丹结盟议和，权臣王曾、丁谓辈，贡谀争宠，企图用宗教迷信结合政治，内骗人民，外哄契丹，因之宫中忽有天书出现，随即劳役数十万人民，修建玉清昭应宫，存放天书。把全国最好的工人、最精美的材料，都集中汴梁，来进行这种土木兴建工程。并集天下有名画师，用分队比赛方法，日夜赶工作壁画。一千多间房子的工程全部完成时，君臣还俨然慎重其事，把天书送到庙里去，大大地犒赏了参加这个工程的官吏和工人一番，丝织物用金的风气，也因之日有增加。

宋王栐著《燕翼诒谋录》，记述这个用金风气的发展，便认为实起于粉饰太平，上行下效，不仅士大夫家奢侈，市井间也以华美相胜。用金情形，则可从反复禁令中充分反映出来。其实，当时禁者自禁而用者自用。例如，汴梁城中二十余酒楼，特别著名的樊楼，楼上待客用的大小金银器具，就有两万件；三两个人吃喝，搁在桌面的银器也过百两。即小酒摊吃过路酒的，也必用银碗。大中祥符八年（公元1015年）诏令，提起衣服用金事，名目即有十八种之多。计有销金、缕金、间金、戗金、圈金、解金、剔金、捻金、陷金、明金、泥金、榜金、背金、影金、阑金、盘金、织金、金线……

除部分是用于直接机织，其余大都和刺绣、印画、缠裹相关，即从用金方法上看，也可以想见这个中世纪统治阶级，是在如何逐渐腐败堕落，此后花石纲的转运花石，寿山艮岳的修造，都是从这个风气下发展而来的。

不过，现存宋锦或宋式锦，都很少见有加金的。说宋锦加金，且和一般习惯印象不相合。这有两个原因做成：一、照习惯，鉴赏家对于锦类知识，除从《辍耕录》《格古要论》《博物要览》诸书知道一些名目，居多只是把画卷上引首锦特别精美的龟子纹、盘绦琐子（锁子）纹、八达晕等几何纹式彩锦，就叫作宋锦。即名目也并不具体清楚明白。因此不闻宋锦有织金。二、宋人重生色花，即写生折枝，这些花也反映到锦的生产中，打破唐以来的习惯。这种生色花，而且部分加金，或全面用金。明代把这些花锦，斜纹织缪丝地的叫"锦"，平织光地的叫"缎"，福建漳州织薄锦叫"改机"（弘治间织工林宏发明），凡彩色平织，带金的叫作"妆花缎"或"织金缎"，不作为锦。因此，即遇到这种宋锦或宋式锦，也大都忽略过了。其实，宋锦和社会上的一般认识是不大相合的。折枝写生花部分加金和全面用金，在宋锦中是不少的。文献中提起的近百种锦名，大部分还可从明锦中发现。

宋锦加金至少有两种方法，我们已经知道。一即古代之金薄法，宋代称为明金。《洛阳花木记》称牡丹中有"蹙金球"，以为色类"间金"而叶杪皱蹙，间有黄棱断续于其间，因此得名。又记"蹙金楼子"，情形也相差不多。宋人欢喜把本色花鸟反映到各种工艺品上去，若反映于丝织物上时，自然即和建筑中的彩绘勾金及现在所见织金妆花缎用金情形大体相合。宋锦中是有这种格式的。加金有多少不同，在宋人通呼为"明金"。记载这种丝织物名目、花纹和用处较详的，以《大金集礼》提起的比较多而具体。说的虽是南宋时女真人官服，我们却因此明白许多问题。因为这种服制花式，大多是抄袭辽和宋代的。也有捻金锦，如明清捻金或库金。文献上提起捻金锦的，多在南北宋之际。《大金吊伐录》记靖康围城时，宋政府和金礼物中即有金锦一百五十匹。周必大《亲征录》称南宋使金礼物中，即有捻金丝织物二百匹。周煇《清波杂志》卷六，载给北使礼物，也提起过青红捻金锦二百匹。又周密记南宋初年高宗赵构到张浚家中时，张是当时有四万顷田的著名大地主，献锦数百匹，其中也有捻金五十匹。可知这种捻金锦在当时实在是有代表性的高级丝织物。同时也说明这种金锦，至迟在北宋中叶已能生产，但始终不会太多。《大金集礼》又叫作"捻金番缎"，说明从金人眼目中它既不是中国织法，也不是金人所能织，显然是西域金绮织工做的。又叫作捻金绮，和锦的区别或在它的织法上。关于这种织工，南宋初洪皓著《松漠纪闻》说得极详细：

  回鹘自唐末浸微。本朝盛时，有入居秦川为熟户者，女真破陕，悉徙之燕山。甘、凉、瓜、沙。旧皆有族帐，后悉羁縻于西夏。唯居四郡外地者，颇自为国，有君长。其人卷发深目，眉修而浓，自眼睫而下多虬髯。帛有兜罗绵，毛罽，绒锦，注丝，熟绫，斜褐。又善结金线。又以五色线织成袍，名曰克丝，甚华丽。以善捻金线，别作一等背织，花树用粉缴，经岁则不佳，唯以打换鞑靼。辛酉岁，金人肆眚，皆许西归，多留不反，今亦有目微深而髯不虬者，盖与汉儿通而生者。

这个记载极其重要。我们知道，唐代工艺生产中若干部门，是和印度、波斯、阿拉伯或西域回鹘技工关系密切的。丝织物加金工艺，在唐代得到高度发展，由金薄进而为捻金，和这个盛于唐，到宋代入居秦川为熟户的回鹘，必有联系。金人称"捻金番缎"，也是这个原因。

金锦中明金和捻金花缎，说得比较具体的，是《大金集礼》提起金人服制中的种种。可知道明金还是用处多。时代稍后记录中，元人费著作的《蜀锦谱》只提及一种，可推测得出纹样的，即"簇四金雕锦"。如簇四和营造法式彩绘簇四金锭相通，金雕即盘绦，则这种锦必然是捻金，不是明金。因为这种锦正如同琐子一样，捻金可织，片金织不出。至于陶宗仪《辍耕录》说的一种"七宝金龙"宋锦，却有可能是片金兼捻金两种织法，明织金中还保留这种锦类式样。

更详细地叙述这种宋代金锦花纹色泽的，只能靠时代晚后三百年《天水冰山录》记严嵩家中收藏的宋锦名目得知。记录中明说是宋锦的，计有大红、沉香、葱白、玉色种种。其中有三种织金锦，名目是青织金仙鹤宋锦、青织金穿花凤宋锦、青织金麒麟宋锦。

这个文献对于明代锦缎名目，记得非常清楚，当时说宋锦，必有不同于明锦的地方，如不是宋代旧织，也必然是宋织锦。但宋织锦和明织锦根本不同之处在什么地方？如不能从用金方法上区别，问题就必然是在配色艺术和组织技术上有个区别。从宋代种种工艺来比较，我们都可知道宋锦不可及处，即打样设计时，布置色泽，组织纹样都当成一件大事，而用金从艺术上说来，却不怎么重要。这三种青地织金锦，有可能是部分明金，不是全部用金的。

宋范成大《揽辔录》记南宋乾道六年（公元1170年）使金时，在路上见闻和京师印象：

> 民亦久习胡态度，嗜好与之俱化。最甚者衣装之类，其制尽为胡矣。自过淮以北皆然。而京师尤甚。唯妇女衣服不甚改。秦楼有胡妇，衣金缕鹅红大袖袍，金缕紫勒帛，掀帘吴语，云是宗室郡守家也。

根据这个记载，可知开封被金人占据后，中国淮河以北人民的服装，即多在压迫中改作金制，唯女不大变（这里所记某妇人穿的金缕鹅红或系鹅红或系鹅黄，是小鹅毛色。如鹅红，即只能是鹅顶鹅掌红色了）。金人服制各以官品大小定衣服花头大小，文献上记载得极详细。照《大金集礼》记载，且知道官吏衣服上的花纹用牡丹、宝相、莲荷甚多。有官品的通是串枝花。这是沿袭唐碑墓志、敦煌彩绘、《营造法式》、辽陵墓志等等花式而来的。这些花还继续发展到元代"纳石失"金锦纹样中，也反映到明代织金中。史传记载，金兵破汴梁后，除织工外，妇女多掳去刺绣。《金史·张汝霖传》称章宗时为改造殿廷陈设，织锦工用到一千二百人，花费两年时间才完工毕事。后来更加奢侈。这种织工自然大部分即得于汴梁和定州一带，有北宋初年由川蜀吴越江南来的头等锦工，也有唐以来即在西北、宋代成为秦川熟户的西域金绮织工。这种织锦工人和中国丝织物史发展，还有不可分割的联系，即元代纳石失金锦的生产，实由之而来。《元史·镇海传》说：

> 先时收天下童男女及工匠，置局宏州（山西大同附近）。既而得西域织金绮纹工三百余户，及汴京织毛褐工三百余户，皆分隶宏州，命镇海世掌焉。

这里所谓"西域人"，显然即是洪皓《松漠纪闻》说起过的先居秦川为熟户，后为金人迁徙于燕山及西北甘肃一带，为人卷发深目，眉修而浓，眼睫以下多虬髯，善捻金线，又会刻丝织作的回鹘族织工！

镇海管理的丝毛织物生产，即元代著名的纳石失，名义上虽还叫作波斯金锦，其实，生产者却有可能大部分都是中国人和同化后的金绮工。《元典章》卷五十八，关于它的使用记载得极详尽。《舆服志》称天子质孙（只孙）冬服即分十一等，用纳石失做衣帽的就有好几种。百官冬服分九等，也有很多得用纳石失。《元典章》织造纳石失条例，许多文件反复说到应如何做，不许如何做。对于偷工减料的低劣货色，禁止格外严，也可反映当时生产量之大。在当时，不仅丝织多加金，毛织物也用金，叫作毛缎子。不仅统治者百官衣服上用织金，三品以上官吏帐幕也用织金（萧洵记元故宫殿廷时曾描述）。国家生产纳石失，不仅宏州设局，另外还设有许多专局，同属工部管辖监督。如撒答剌欺提举司，即有别失八里局。又织染提举司，也有专织纳石失局。《元典章》提起纳石失或织金缎时，虽一再传达诏令，说某某种龙形的不许织造应市，却又说织造合格的即允许市面流行。这种特殊丝织物随蒙古族政权织造了将近一百年，曾经反映到游历家马可·波罗眼目中，因之也反映入世界各国人民眼目中。但是这种丝织物，竟和元代政权一样，已完全消灭，明代即少有人提起，这是和历史现实发展不大符合的。

丝织物虽然是一种极易朽败的东西，一世纪的大生产，总还应当有些残余物品留下来，可供研究参考。从图画中可见的，如元帝后妃像中几个后妃缘领花纹装饰，可推测必然是纳石失。元著名武将画像披肩，可能是纳石失。《明实录》记洪武初年赐亲王功臣锦绮织金必然还是元代库中旧存旧样丝织品。明初画像服饰材料，因之也必然有部分反映。

实物发现最有希望的地方，是故宫和中国北京及西北各地大藏传佛教寺庙里。保存得完完整整的成匹成幅的直接材料，因明清二代的兴替，宫廷中或已无多存余。至于零碎间接经垫、佛披、幡信、袈裟和其他器物及密宗佛像边缘装饰上的，却必然还有不少可以发现。在故宫库藏里，许多字画包首、册页扉面和其他宋元旧器衬垫丝织物，同样可希望这种发现。其次，即明《大藏经》使用的经面、经套，其中织金部分，或出于纳石失式样，或即是本来的纳石失。

前一部分，北京庙宇里的东西，剩下的也已经不会怎么多。因为元明以来密宗佛像，近数十年被盗出国外的不下万千件。稍好的就不容易保全。但是，即就北京市目下能得到的而言，如果能集中一处，断缣败素中还是可希望有重要发现（有小部分可能是宋锦，大部分却是明织金锦缎，纹样还是极有价值的）。西北区大庙宇，由于宗教传统的尊重，不受社会变乱影响，就必然还有许多十分重要的材料。故宫收藏则从中得到的明清仿宋彩锦，或多于元纳石失金锦。至于明《大藏经》封面，就个人认识说来，即这份材料，不仅可作纳石失金锦研究资料，好些种金锦本名或者就应当叫作纳石失，并且还是当时的纳石失。

我们说明代加金丝织物，大都是元代纳石失发展而来，从《野获编》记录洪武初年，向北方也先聘使礼物中的织金名目，也可见出。五彩织金花锦由一寸大散答花朵到径尺大的大串枝莲、大折枝牡丹和三五寸花头的蜀葵、石榴、云凤、云龙、云鹤，不宜于衣着，可能做帐幔帘幕、被褥的材料，和其他文献记录比较，我们就会具有一种新的认识和信念，纳石失金锦问题，虽在多数学人印象中，还十分生疏，却是一个可以逐渐明白的题目。明织金是一个关键，必须给以应有的重视。其次，即现存故宫部分充满西域或波斯风的小簇花织金锦，通名"回回锦"，在乾隆用物帷帐和蒙古包帐檐中都使用到，整件材料，部分还附有乾隆时回王某某进贡的黄字条，可知这类金锦至晚是乾隆时或较前物品。这类回回锦特别值得注意处，即花纹还充分具有波斯风，和唐代小簇花装饰图案近似。在有关帖木儿绘画人物服装和元帝后像领沿间用金锦花纹，也十分相似，元代纳石失也许仅指这类花纹金锦而言，还须待进一步研讨。

说到这里，我们可以为中国丝织物加金历史发展问题，试重复一下，提出如下意见，供国内专家学人商讨：

用金做装饰的丝织物，在战国有可能已产生，汉代以后得到继续发展。但真正的盛行，实只是元明清三代。起始应用虽可早到二千二三百年前，作用不会太大，用处也不会如何多。但至迟在东汉时，明金做法已能正确使用。六朝到唐末，是一个过渡阶段，在这个时期中，或因佛像中的金襕，影响到封建统治阶级妇女的装饰，衣裙领袖间除彩色描绘外，用金已比较多。特别是当时贵族妇女，需要用金表示豪富甚过于用色彩表示艺术时，金的使用范围必然日渐增加。但是，金银在丝织物中的地位，始终还是并没有超过具有复杂色彩的传统刺绣和织锦重要。在装饰价值上，则只有小部分的泥金缕绣的歌衫舞裙，有从彩色刺绣取而代之的趋势。到唐代，特别是开元天宝时代，因王铁、杨国忠等人的聚敛搜刮，杨氏姐妹的奢侈靡费，和外来的歌舞，西域阿拉伯回鹘的金绮织工，以及谄佞佛道的风气，五者汇合而为一，织金丝织物需要范围就日广，生产也必然增多。到这个时代，用金技术已经绰有余裕。但用金事实还是在社会各种制约中，不可能有何特别发展。到宋代，因承受唐末五代西蜀江南奢靡习惯，用金技术更加提高，织金捻金和其他用金方法已到十八种。但使用还是有个限度。譬如说，封建帝王亲戚服制上常用，一般中等官吏衣服即不会滥用。妇女衣裙上局部用，全部还是不用。宣和时，更有两种原因，使丝织物加金受了限制，不至于大行于时：

一、衣着中因为写生花鸟画的发展，把丝织物上装饰纹样，已推进了一步。刺绣和刻丝，都重视生色花，能接近写生为第一等。即染织花纹，也开始打破了唐代以来平列图案布置的效果，而成迎风浥露折枝花的趋势。换言之，即黄筌、徐熙、崔白、赵昌等画稿上了瓷器，上了建筑彩绘，上了金银器，这个风气也影响到丝织物的装饰花纹。所以从唐代团窠瑞锦发展而成的八搭晕锦，凿六破锦发展而成的球路等彩锦，几何图案中都加入了小朵折枝花。色调配置且由浓丽转入素朴淡雅，基本上有了改变，金银虽贵重，到此实无用武之地。

二、当时艺术风气鉴赏水准已极高。特别是徽宗一代由于画院人才的培养和文绣院技术上的高度集中，锦类重设计配色，要求非常严格。金银在锦中正如金碧山水在画中一样，虽有一定地位，不可能占十分重要的地位。徽宗宣和时，庭园布置已注意到水木萧瑟景致，梣椤木堂的建造，一点色彩都不用，只用木的本色，白粉墙上却画的是浅淡水墨画和传世王诜的渔村小雪，赵佶自作的《雪江图》近似，在这种宫廷艺术空气下，丝织物加金，不能成为一个主要生产品，更极显明。

属于金工技术发展，和社会发展似乎稍有参差。关于金薄、缕金、捻金技术的进展，照近三十年考古材料发现说来，商代即已经能够捶打极薄金片。春秋战国之际，在青铜兵器和用器上，都用到这种薄金片和细金丝镶嵌，就处理技术上的精工和细致而言，是早超过缕金丝做衣饰程度的。洛阳金村发现的一组佩玉，是用细金钮链贯串的。寿县和河南出土，捶有精细夔龙纹的金质片，可做战国时期金工高度技术的证明。特别是三年前在河南辉县发现的金银错镶松石珠玉彩琉璃带钩和信阳长台关战国楚墓出土的铁错金银加玉带钩，实可做公元前五世纪中国细金工艺最高纪录的证明。这个时期的巧工，文献上虽少提及出处，一部分来自楚民族和西蜀，可能性极大。到汉代，技术上有了新的展开，用金风气发展，仿云物山林鸟兽缕金错银法，已打破了战国以来几何纹图样，漆器上的金银扣和参带法，且使用相当普遍，中等汉墓里即常有发现。讲究处则如《禹贡文奏》和《盐铁论·散不足篇》所叙述，许多日用小件器物都用金银文画装饰。鎏金法应用更加广泛，且使用到径尺大酒樽和别的用具上。但从用金艺术说，比起战国时实在已稍差了些。这个时期蜀工已显明抬头。西北和乐浪所发现的漆器中，都具有文字铭刻。蜀工之巧在汉金银扣器中已充分反映出来。随同丝织物生产的发现，西蜀丝织物加金的技术，必然和扣器有同样成就，到汉末才逐渐衰落，但生产还是能供应全国需要。

晋人奢侈而好奇，王恺、石崇辈当时争富斗阔，多不提金银珠玉，只说南方海外事物中珊瑚犀象和新兴的琉璃。在这种情形下，自然不会以金银装饰为重。北魏羌胡贵族多信佛，用金银做佛像和建筑装饰，均常见于史传。但做衣服似和社会要求不大相合。石虎是极讲究用金银铺排场面的一个胡人，算是极突出的，史传才特别反映。

西域金工做的捻金丝织物,亦必然在这个时期才比较多。南朝似乎犹保留了汉以来金银镶嵌工艺传统,常见于诗文歌咏中。但这个时代正是越州系缥青瓷在社会上普遍受尊重的时代,金银器在社会上能代替富贵,却不能代表艺术,即衣裙上用金,诗人形于歌咏,也着重在豪华,和服饰艺术关系就并不多。到唐代,豪华和艺术才正式结合起来,这从现存金银平脱和金银酒食用具在工艺上达到的艺术标准可见。但丝织物加金还不是工艺中唯一的重点。因为唐人重色彩浓丽,单纯用金是达不到这个要求的。金的装饰作用,已在丝绣织物上加多,还不至于大用。有捻金、织金等十四种方法,一般使用的是女人服饰上的泥金银绘画。

宋代丝织物用金方法已加多,但工艺重点则在瓷器、绘画和刻丝织锦。瓷器装饰金银,虽从五代吴越起始,并无什么美术价值。宋代定州瓷器,虽还用到这个传统,用金银缘边,分量已减少成薄薄一线。绘画用大小李将军作金碧山水法的赵千里,在宋人画中,即只代表一格,并非第一流。刻丝重生色花,不重加金。克金还未发现。锦缎则如前叙述,要求艺术高点在色彩配合,不在金银。宫廷中织金丝织物,或有相当需要量,一般社会对锦缎要求,必不在加金。因此加金丝织物,不可能在北宋早期有极多生产。文彦博在成都为贡谀宫廷织造的金线莲花灯笼锦,近于突出的作品。南宋捻金锦已当作给金人的重要礼物,在南方大致还是发展有限。因织金固需要一套极复杂的生产过程,更重要的还是极大的消费。南宋时经济情形,是不可能如元明以来那么大量消费金银到丝织品上去的。

《梦梁录》虽提起过这个偏安江南的小朝廷，由于上下因循苟安心理的浸润和加重税收聚敛，经济集中，社会得来的假繁荣，都市中上层社会靡费金银的风气，因之日有所增。一个临安就有许多销金行，专做妇女种种泥金印小件用品，但是捻金、明金，由于技术烦琐，在当时使用还是不会太多。

织金的进一步发展，和女真人占据北中国有密切关系。

至于女真人对于丝织物加金的爱好，则和它的民族文化程度有关。金人兴起于东北，最先铁兵器还不多，用武力灭辽后，民族性还是嗜杀好酒。围攻汴梁时，种种历史文件记载，说的都是搜刮金银掳掠妇女为主要对象，虽随后把户籍、图书、天文仪器和寿山艮岳一部分石头，也搬往燕京（这些石头最先在北海，明代迁南海瀛台），做设都北京经营中国的准备。金章宗还爱好字画，和一群附庸风雅的投降官僚文人商讨文学艺术，其实只是近于笼络臣下的一种手段。整个上层统治心理状态，金帛聚敛和种族压迫实胜过一切。八百年前的金代宫室布置，真实情况已不得而知。唯从《张汝霖传》称用一千二百织锦工人，工作两年的情形看来，却可以想见，当时土木被文绣的侈奢光景。金人始终犹保持游牧民族的生活习惯，除服饰外，帷帐帘幕使用格外多，建筑中许多彩画部分，在这时节是用丝织物蒙被的。大串枝花丝织物的发展，必然在这个时期。《大金集礼》载文武官服制度和其他使用织金丝织物记载，都叙述过。元官服制度多据金制，《辍耕录》记载可知。元代的纳石失金锦，就由于承袭了这个用金风气习惯而来。马可·波罗游记说的，用织金做军中营帐，延长数里，应是事实。

丝织物加金盛于元代，比金人有更多方面发展，由许多原因做成。这和当时蒙古民族的文化水准、装饰爱好、艺术理解都有关系。更重要还是当时国力扩张及一种新的经济策略，用大量纸币吸收黄金方式，统治者因而占有了大量黄金的事实分不开。如没有从女真、西夏和南宋三方面政府和所有中国人民手中及海外贸易得来的无数黄金，元代纳石失金锦的大量生产，还是不可能的。

锦类的纹样发展，春秋以来常提起的襄邑美锦、重锦、贝锦，虽不得而知，唯必然和同时期的铜玉漆绘花纹有个相通处。到汉代，群鹄、游猎、云兽、文锦和同时金银错器漆器花纹就有密切联系，已从实物上得到证明。傅玄为马钧作传，称改造锦机，化繁为简，提花方法已近于后来织机。《西京杂记》记陈宝光家织散花绫，由于提花法进步，色泽也复杂得不可思议。唐初窦师纶在成都设计的锦绫样子和文献上常提及的几种绫锦，从正仓院藏中国唐锦中，犹可见到对雉、斗羊、游鳞、翔凤诸式样。余如盘绦、柿蒂、樗蒲也已经陆续从明锦中发现。从这个发现比证中，得知道它和汉代已有了不同进展，颜色则由比较单纯趋于复杂，经纬错综所形成的艺术效果，实兼有华丽和秀雅两种长处。到宋代，因写生花鸟画的进步，更新的大折枝、大串枝和加金染色艺术配合起来，达到的最高水平，正如同那个时代的瓷器和刻丝一样，是由于种种条件凑合而成，可以说是空前的。时代一变，自然难以为继。

在金元之际，丝织物的生产，由色彩综合为主的要求，转而为用金来做主体表现，正反映一种历史现实，即民族斗争历史中，文化落后的游牧民族武力一时胜利时，就会形成一种"文化后退"现象。这种文化后退或衰落现象，是全面的，特别属于物质文化和人民生活密切关联的工艺，每一部门都有影响的。也只有从全面看，才容易明白它的后退事实。若单纯从丝织物加金工艺史发展而言，则元代纳石失金锦，依然可以说是进展的，有记录性的，同时还是空前绝后的。因为如非这个时代，是不可想象能容许把黄金和人力来如此浪费，生产这种丝织品，使用到生活各方面去，成为一部分人最高美的对象的！

谈刺绣

刺绣出于绘画的加工，使用到纺织物方面，和多数人民生活发生密切的联系。它虽起源于纺织物提花技术发明以前，却在纺织物高度发展后，还能够继续存在和发展，为多数人所爱好。就中国现存花纹纺织物残余材料分析，约在公元前十二世纪丝绸提花技术已相当成熟。刺绣应用到服饰及仪仗中旗帜和其他方面，时间显然还应当早些（见安阳丝织花纹）。

根据中国古文献《尚书·益稷》中记载说来，刺绣和氏族社会结合在政治上的应用，是属于半传说中的著名帝王大舜，嘱咐治洪水的大禹，为在衣服上绘绣十二种图案起始的。十二种图案是"日、月、星辰、山、龙、华虫、宗彝、藻、火、粉米、黼、黻（fú）"，通称十二章（前六种图案是手绘的，用于上衣；后六种图案是刺绣的，用于下裳。当时衣裳的图案花纹，手绘与刺绣并存）。这种用在古帝王衣服上装饰图案，花纹色彩真实情况虽难于考究。唯公元前十二三世纪以来，青铜器和玉、石、牙骨等雕刻图案，多还保存下来，许多花纹图案都做得十分精美，彼此之间的关系又极显明（见商夔凤龙纹图案）。刺绣虽因所用材料性质不尽相同，图案花纹和这些古代工艺品却必然有一定的联系。从当时工艺图案中去探讨古代刺绣十二种装饰图案，总还有些线索可寻（见周清三图案）。《尚书》在公元前二世纪的西汉，就被当成古代重要历史文献而流传，因此十二章旧说，二千年来深入一般学人心中。但究竟是什么样子，却少具体说明。汉代部分锦绣图案，就由于反映这个传统而形成。但是极显明，历史既在不断发展中，新的创作和古代花纹是有距离的（见怀安乐浪二地出土金银错花纹复原）。公元前一世纪的时期，有个宫廷官吏史游，贯串前人旧作，用三七言韵语写了个通俗读物《急就章》，曾提起些丝绸锦绣花纹。虽只二千年前事情，经后来学者研究注释，由于孤立的引书注书，不结合实物分析，还是不容易明白。直到近半世纪，在西北地区发现许多汉代锦绣后，这部门知识，才比较具体（见新神灵广锦、云纹绣等）。用它和同时期工艺纹样相互比较，又才深一层明白它的成因，大约可分作三部分：一属周代以来旧有样式，二受当时儒家传说影响，三受汉代流行神仙思想影响（见汉云纹绣、韩仁锦、金银错花纹）。至于公元三世纪后帝王服饰种种及十二章图案，却近于二世纪以来学者附会旧说而成，《帝王图》前后延续千余年，累代各有增饰。例如唐人作《帝王图》所见，除肩部图案日中三足乌月中蟾蜍，系本于汉代传述旧样，其余花纹多去古日远。至宋《三礼图》所见十二章，则和六朝以来又隔一层了（见宋聂崇义集注《新定三礼图》中十二章图案）。明程君房《程氏墨苑》

玄工卷一下《有虞十二章图》则本于宋《三礼图》。

还有个历史文献《禹贡》，曾提起中国古代九州物产，若干地区养蚕和生产起花丝织物，每年纳贡。文献产生时代虽可疑，唯说及丝绸主要生产在山东河南一带，却和公元前三世纪文献说的"锦出陈留，绣出齐鲁"情形相合。

中国古代文献记载锦绣比较具体可靠的是公元前四五六世纪的《诗经》《左传》《国语》《礼记》《考工记》《墨子》《晏子春秋》……或用诗歌描写当时人衣服装饰应用锦绣的情况，或记载当时诸邦国外交聘问用锦绣作礼物的情形。《礼记·月令》曾叙述及周代蚕织染事和有关法令，得知政府曾设官监督生产。又说"画绣共职"，可知自古以来就重视设计。

战国以来，由于铁工具在若干地区的普遍使用，生产各部门都有了提高，商品贸易的流动，刺激了影响多数人生活的丝绸生产，锦绣在高级商品中，因此占了个特别位置（见洛阳金村出土玉佩舞女）。文学作品中，对于贵族妇女，歌舞使用绣文华美的形容，也日益加多（见长沙出土战国漆器上的彩绘人物及河南信阳出土漆瑟彩绘人物）。这时期的实物，虽因年代过久，不易保存本来色泽，却可从其他工艺图案的反映得到重要启发（见楚彩绘木俑四种）。特别是这时期流行的青铜镶嵌金银器物的装饰图案，彩色华美的漆器图案和精美无匹的雕玉图案，都必然和同时的锦绣装饰图案有密切的关系（见故宫太和殿陈列金银错叠花纹）。加之近二十年来，湖南长沙战国楚墓出土大量彩绘木俑和漆器、信阳长台关出土大量重要文物，其中还有一部分提花纺织物发现，直接材料和间接材料相比较，丰富了我们许多知识（见长沙出土楚漆盾二式、湖北出土透雕凤鸟衔蛇跃鹿漆绘木座屏）。比如照《礼记》所说，天子诸侯棺木必加黼绣盖覆，河南辉县出土彩绘朱漆棺，上面图案就是记载中的黼纹形象（见河南辉县出土漆棺花纹）。另一出土漆鉴花纹，则在公元前二世纪出土锦绣中，还有相似图案发现（见河南辉县出土漆大鉴花纹）。燕下都出土花砖的图案，更是标准黼绣纹样。汉儒注黼纹为"两弓相背"，从当时实物比较，才知道原来是两龙纹。

公元前三世纪末，汉统一大帝国建立后，丝织物统由国家设官监督生产，齐国临淄和陕西长安，都各有千百男女工人，参加特种锦绣和精细丝织生产，供应政府需要。工艺上的成就，并且和国家政治经济都发生密切关系。西汉初年就采用儒家建议，重视政治制度排场，帝王贵族及各级官吏，服饰仪仗，起居服用，各有等级，区别显明。例如当时主持司法的御史官，平时就必须穿绣衣，名"绣衣执法御史"。帝王身边又有一种"虎贲"卫士，也必须穿虎豹纹锦裤。宫廷土木建筑生活起居用锦处甚多，在宫中直宿的高级官僚，照例用锦绣做被面（见西北出土虎纹锦、日本正仓院藏豹首锦）。著名将军霍去病死去时，政府给他的殉葬用绣被，就达一百件。宫廷贵族一般歌舞伎女，服饰更加纹彩炫目（见汉彩绘俑三种）。据《汉旧仪》称武帝时于通天台祀太乙岁皇，即用童男女三百人衣绣衣，于高及数十丈的建筑物上歌舞通宵达旦。逐渐到豪富商人，除身衣锦绣，出入骑马乘车外，还有用锦绣做帐幔地衣的，致政府不能不用法令来禁止,直到豪富大商人,鬻卖奴婢的也有用锦绣做衣边,脚穿五色丝履的。正不啻为当时谚语"刺绣文不如倚市门"作一注解。所以政府有法令"禁贾人不得衣锦绣乘骑"。这种种又反映出另外一个问题,即丝绸产量之大和它在商品市场上所占地位的重要。特别是对于西北居住各游牧族和海外各古国,文化交流锦绣就占有重要地位。因为好衣着锦绣的风气,不仅仅是长安和其他大都会贵族和商人的风气,同时远住中国西北部的匈奴族和其他部落胡族,也都喜欢衣着锦绣。文学家贾谊在他的作品中就说过,每来长安,族长必衣绣,儿童也衣锦。大历史学家司马迁著《史记》,还说起政府每年必从长安运出锦绣八千匹,作为对于匈奴统治者的礼物,其他赠予还不在此数内。张骞探索西域交通归来时,得知川蜀方面早已有布匹运往印度诸国,此后长安也有大量锦绣和生丝,由西北运往大秦(古罗马)、波斯和印度,开辟了"丝路"(见科兹洛夫:《诺因乌拉报告》中云纹绣和绣大被,匈奴骑士形象)。同时大秦、印度所织的缕金绣、胡绫及各色毛布和中国西北部诸族所特产的毛织品,也到了长安。(见《魏略》)促进了中国和世界文化的交流,促进了中原地区和边沿地区的物质交流,原来首先就是这些出自多数劳动人民生产的成就(见历史博物馆藏斜纹褐图)。近半世纪来,科学考古工作者,在中国西北部发掘古墓和居住遗址中,不断发现公元前一二世纪精美丝织物,有些锦绣出土后还色彩鲜艳如新。死尸还有用锦绣缠裹一身的。至于这种特种丝绣价值,有个经济史料名《范子计然》,曾道及当时山东生产的锦绣价值,"齐细绣文,上等匹值二万，中值一万，下值五千"。至于普通绸绢每匹价不过六七百钱，比较说来，锦绣约高过一般绸价二十五倍。

刺绣纹样作不规则云纹和规矩花纹部分还和公元前三四世纪工艺图案相近。在蒙古人民共和国诺因乌拉古墓中发现之锦绣及在新疆沙漠中出土之锦绣和在关内怀安发现的刺绣（见山西怀安刺绣）图案风格基本上都相同。又在诺因乌拉古墓中发现之毛织物，上有三个匈奴骑士绣像，骑士所披衣衫花纹图案，也是公元前三四世纪金银错图案。

公元二世纪到六世纪，在中国历史上是一个南北分裂政治纷乱的时期，黄淮以北各地区，由于长期战争，生产破坏极大，丝绸的生产已失去汉代的独占性，长江上游的四川蜀锦，因之后来居上，著名全国（见《中国丝绸图案》"明光""登高"诸锦图）。又由于提花技术的改进，彩锦种类日益增多，从晋人陆翙著《邺中记》，记载石虎时在邺中织造诸锦名目和衣饰用绣，和新发现汉代锦绣比较，才知道大部分花样还是汉代本有的。从晋人著《东宫旧事》，循复《山陵故事》及其他文献记载，又得知一般提花织物，种类已有增加，刺绣在应用上也得到新发现，显著特征有二类：一即写生花鸟图案，逐渐被采用。（实在公元前五世纪至春秋，已有花鸟写生刺绣，到战国楚文化可能影响力强大，整个长江黄河流域无不以抽象风格见长。——王㐨注）其次，即这时期佛教在中国各地流行，由于宗教信仰，产生了许多以佛教故事为题材的大型绣件，精美的还用珍珠绣成，有高及六七米的。当时的洛阳和金陵（今南京），都各有数百座大庙宇，也和宫廷一样，使用大量锦绣作为装饰，豪华程度为后世少见。青年男女恋爱，用锦绣互相赠予之事常见于诗人歌咏中。实物遗存虽然不多，反映于云冈龙门各地重要洞窟石刻装饰部分，却十分丰富（见云冈、龙门石刻藻井）特别重要是在甘肃敦煌壁画中属于藻井、天盖、帷帐及衣饰部分，充分反映出这一时期（约三个世纪）刺绣图案组织壮丽和彩色华美（见敦煌藻井图案五种、隋藻井和人字披图案四种）。

公元七世纪的隋代，重新建立了统一的帝国，到第二王朝即非常奢侈，音乐歌舞广泛吸收了西域各民族成就及中印度成就，大朝会日曾集中音乐舞部二万八千人于洛阳，歌舞连月，并悬锦绣于市，炫耀胡商蕃客。又使用人力过百万，建造了贯通南北大运河，乘坐特制大型龙舟由北向南，船上所用帆缆，多用彩色锦绣做成，连樯十里，耀日增辉。隋政权不久即为农民革命所倾覆。

接着唐大帝国的建立，从各方面都反映出这个时代文化特色，是健康饱满，鲜明华丽，充满青春气息（见敦煌壁画唐贞观九年维摩说法下部分）。当时不仅代表宫廷皇权的服装仪仗大量使用色彩壮丽的锦绣，即一般民间，对于刺绣需要也极广泛。当时锦类配色已极华美，各地生产的花绫品种更多。妇女在花素衣裙上加工的，约可分作四类：一、印染，二、金银粉绘画，三、彩绘，四、刺绣。普通衣裙刺绣小簇花是常用格式，串枝写生花式也日渐流行，花中还杂有常见到的形态特别轻盈活泼的蜂蝶雀鸟（见敦煌壁画唐《乐廷瓌夫人进香图》），这种配合使用又多和青年男女爱情喻义有关。

政治或宗教上用到的刺绣，有大及十米以上的。歌舞上画绣服装更是色彩富丽，排场壮大。有一个宫廷艺术家李可及布置一次"叹百年舞"的舞蹈场面，背景和地面耗费绸绢竟到数千匹（见传宋徽宗摹唐张萱绘《虢国夫人出行图》）。唐代历史上一个著名奢侈妃子杨玉环，个人平时即用绣工七八百人，其姐妹共用绣工千人，相习成为风气，反映刺绣在社会上的普遍应用情况。十九世纪末，在中国西北部甘肃敦煌石窟中发现的大量中世纪古文物中，就有一部分这种精美丝织品，包括佛幡和佛像等物（见敦煌绣观音和菩萨）。当时帝王为壮观瞻，六军卫士衣甲鲜明，部分多用绣画，男子的衣饰虽然只能照品级着本色花鸟绸缎，但当时男女均习惯骑马，马身装具障泥，必用锦绣做成。中等社会妇女衣裙，刺绣花鸟更是一般风气，在绘画中和诗人作品中都反映得十分具体（见西安王家坟唐墓出土三彩女坐俑）。

当时服装部分采用受波斯影响甚多的西域式样，衣多作方斜领沿，上绣彩色花鸟，后来明清领沿装饰，就是从这个习惯发展而成（见新疆吐峪沟出土着锦绣翻领女子画像、西安唐韦项墓出土石刻线画着绣领胡服女侍图像）。唐代以来，在社会各阶层间——特别是上层社会，绣花已被当成一种文化娱乐，画家作的《纨扇仕女图》（《倦绣图》），反映的就是这种生活。

十世纪的北宋刺绣，在题材上进一步的新发展，最显著的是把著名画家花鸟反映于各种绣件中，使花鸟更趋于写实。其次是技术上的新发展，介于刺绣和编织物的刻丝（见据崔白画稿织成的刻丝

《三秋图》),反映当时著名的绘画和墨迹,也在社会上被当作纯工艺品,而创造得到社会的重视。宋代皇帝为增加政治上的排场,曾组织二万八千人的一个仪仗队,穿着五色锦绣花衣,扛着各种武器、乐器和五色彩绣的旗帜,在皇帝出行时排队护卫,名叫"绣衣卤簿"。某种品级职务的穿某种颜色锦绣,扛某种锦绣旗帜,记载得极其清楚明白。高级文官和武将,于大朝会日,必须穿上政府每年赐予的锦袍,这些华美袍服是各按官品等级作不同花纹的。妇女衣绣更普遍,流行的绣领、冠帻、抹额,有各种不同花样(见俄国科兹洛夫在黑水城遗址发现的金代木刻《四美人图》)。讲究的还用珍珠络结。宫廷坐具椅子和绣墩以及踏脚的小榻也用珍珠络绣(见五代顾闳中绘《韩熙载夜宴图》四乐伎)。金线绣也极流行。当时在首都汴梁(今河南开封)城中以建筑壁画著名的庙宇大相国寺两廊,售卖绣货的聚集成市,最受欢迎的是庵堂中女尼绣的服饰用品(见河南禹县白沙宋墓壁画化妆女子)。皇后衣服上的成双雉鸟,照规矩是五彩线绣成的(见清宫南薰殿旧藏《宋仁宗后坐像》中的皇后和侍女)。坐的椅子靠背,是用彩色丝线和小珍珠绣成的(见南薰殿旧藏《宋神宗后坐像》、传周文矩《临镜图》)。平民也喜爱刺绣,逢年过节做母亲的多把小孩子穿戴绣花衣帽,装扮得极其华美(见宋画《百子图》)。刺绣技法上精细至极的综绣——发绣,虽传说创于唐代卢媚娘,能于方尺绢上绣《法华经》七卷,其实这种细绣技法如联系其他工艺图案分析,到宋代才有可能产生。北宋末又还流行一种本色绣,现称一色绣,曾见于诗人陆游《老学庵笔记》中(见故宫藏山西南宋墓出土民间刺绣、北京双塔庆寿寺出土刺绣、辽墓出土绣衣领）。宫廷绣虽向纤细精工方面发展，民间绣则布色图案比较健康壮美，这是从同时期陶瓷器铜镜子花纹和其他工艺的花纹反映可以推测的。宋代民间瓷中的"红彩"就是根据刺绣需要发展而成的。这时期由于捻金线技术的进展，织金锦类和金线绣也都盛行，据王栐著《燕翼诒谋录》所记载，当时在妇女衣裙上使用金银加工技术，即已达到十八种（见内蒙古赤峰辽附马墓出土一片金线绣）。北宋时占据中国东北部的契丹"辽"政权，就用法令制定金线绣鹅鸭水鸟定官职尊卑（见胡瓌《番骑图》马匹部分）。占据西北的党项"西夏"政权，统治者不论男女，也多服绣衣（见敦煌418窟及安西榆林窟壁画西夏男女供养人像）。十一世纪后在中国华北建立"金"政权的女真族统治者，本于游牧民族习惯爱好，男女仍多喜爱锦绣衣服（见宋人及明人所绘五种《胡笳十八拍图》）。当时在北京建都，为装饰一宫殿即用织绣工人二千，经时二年，始告完成。捻金织绣素来为回鹘工人所擅长，十二世纪在继续发展。

到十三世纪蒙古族统治中国政权百年中，因官制中重要朝会，皇族贵戚及大官吏，都必须衣着金色煌煌的"纳石失"金锦帽和用金锦织绣做衣领边沿等的袍服，因之这部门技术更有显著进展，几乎丝织物中的纱、罗、绸、缎，都有加金的，金代即已如此。蒙古游牧民族长住沙漠中，喜欢穿强烈的色彩，也影响到一般工艺品的色彩风格，锦绣更加显著。花纹图案一般说来远比宋代强烈粗豪。十四世纪的明代初期，还继续受这个风格的影响极其深切，表现于一般刺绣和刻丝，用色华丽而沉着（见明重色刺绣及刻丝、山西省广胜寺明应灵王殿壁画演戏部分）。但从十一世纪北宋末期以来，北方定州、汴梁等处高级手工艺技术工人多逃往长江以南，雕漆、刻丝很显然对于南方工艺都发生了较大的影响。雕漆工人在嘉兴寄居后，元明以来即出了几个名家高手。张成、杨茂和漆工艺专门著作《髹饰录》作者黄成，都是嘉兴漆工（见张成、杨茂制漆器）。

刻丝工南宋以来也出了几个名手，朱克柔、沈子蕃是其中最有代表性的两个人。此外还有吴煦等许多人。刻丝得到社会重视后，技术传授日益普遍，因此到明代中期，苏州爱美妇女，有费时经年做一衣裙穿着的。

中国在长江下游地区大量种棉于公元十二三世纪，棉布生产当成商品普遍流行国内，始于十四五世纪。民间染坊在棉布上印花技术的发展和民间挑花技术在棉布上的应用，大都也在这个历史阶段中。时间近，文献记载也比较详尽。更重要还是十五世纪一个著名权臣严嵩，因贪污，全部家产被没收时，曾留下个产业清册，记载下数以万计的贵重字画、金银器和工艺品的名目。工艺品部分拍卖时，还有折价银数。其中锦绣丝织物也达数千种。根据这个重要文献，让我们对于当时锦绣丝绸有了初步认识。用它来结合现有数以万计的明代锦绣残余遗物研究，明代锦绣问题，因之更加明确具体。特别官服衣料应用洒线绣法是过去人从文献难得其解，唯有接触实物才明白的（见洒线绣五种）。现存材料最完整而重要的，是山东曲阜孔子家中收藏的部分材料及北京故宫博物院和历史博物馆藏材料（见故宫博物院藏袍料三种）。

明代是个都市市民阶层抬头的时代，苏州刻丝部分改进发展到妇女费时经年来做衣裙，刺绣自然也日益向普遍方向上发展。除一般衣物用丝绣外，还有两种近于新起的风格产生，在社会上得到一时重视，一种是用细如胎发的材料，如白描画法一般绣故事人物。它出现也不是突然的，产生有个历史渊源的。是由唐宋以来吴道子、李公麟的白描画，发展到十三世纪的元代王振鹏，明代的丁云鹏、尤求，在绘画技法上就自成一格（游丝描——王㐨注）。这种白描画更因木刻版画直接受它的影响，产生过千百种通俗小说和戏剧精美的插图。又由于制墨需要，产生制墨名家程君房、方于鲁等，作品中千百种精美墨范，在中国版刻史上就占有一个特别的地位（多安徽刻工）。在刺绣部分则产生发绣，当纯美术品而创造。其次是当时文人画中正流行一种重韵味的简单水彩画，如董其昌、陈道复等所绘的条幅，苏州绣工常用来做刺绣底稿，一般多在白绫地上面用错针法或铺绒法绣成，在明代刺绣上也自成一种风格。第二种是明末上海顾氏露香园绣，彩绣写生花鸟屏条册页，有些据宋元花卉草虫册页画卷，有些用明代画家陆包山等花鸟画稿，间或也有用徐青藤水墨花卉做底本的。用针逼真细密，配色华美而又准确，发展了刺绣中精细逼真特长，在作品中充满生意。本属于一种艺术上的提高，后因爱好的多，于是当成一种高级美术商品而流行，彼此摹仿，不免真伪难分。这种刺绣比发绣和仿文人画的水墨绣，更加容易为群众接受，因此特别得到发展，并影响到十八十九世纪和后来一部分苏州绣法。刺绣本属于中国社会妇女日常课艺，除专工制作的高级美术品和部分美术商品，大多数生产，是处于妇女处理家事之外，或生产工作余暇，自做自用。有些地方，照社会风气，亲友结婚，即常邀约亲友邻伴，置办嫁妆，参加工作的，照习惯也不受物质报酬。作品虽有精粗，都不属于商品性质。例如日用品之一，收藏青铜镜子的镜套，就有各式各样具备，多产生于社会各阶层妇女手中，是美术品而非商品。这种圆形绣花镜套，到十八世纪玻璃镜子流行后，就再无使用的。十七世纪遗物还留下很多精美作品，特别重要是从这部分作品可以明白明代刺绣种种不同古代技法。

十七世纪末，中国政治进入一个新的阶段，以李自成张献忠等为首的巨大农民革命，虽推翻了腐朽的明代统治政权，居住东北的满族却得到汉族中大地主官僚帮助，统治了全中国。到十八世纪初，社会生产不断发展，刺绣因配合政治制度和社会习惯发展，进入一个新的历史阶段。社会中层以上，官制中大量使用刺绣。宫廷中的仪仗、车轿、马具，凡利用纺织物部分，都需用刺绣。生活起居日用器物，由床榻、座椅、桌围、幔帐，到挂屏、槅扇心，大小官吏身边携带的烟荷包、香囊、扇套、眼镜盒子、名片盒……，更无一不利用刺绣。即一般农村妇女，也无不在工作余暇，制作各种刺绣。工作时最重要的当胸围裙，就各有不同风格的彩绣或挑花绣，此外头巾、手帕、衣袖、裤脚，以至鞋面，无一处不加上种种花绣。由于民间刺绣花样需要广泛，间接刺激了民间剪纸的生产，成为乡村手工艺一部门。虽参加这部门生产的人数并不多，却自成一个单独行业，为中国农村中巧手艺人所独占，作品丰富了广大农村人民的生活，花样丰富并且充满地方风格，特别是中国西南地区的成就，更加显得丰富多彩。直到现代，还留下万千种颜色华美的图案，通过八十岁白发如银老祖母的记忆，传给十二三岁初学针线的年少女子。

这个历史阶段由于戏剧的发展，除全国各都市保有不同数量的剧团，即乡村也常有流动剧团，来往各处，对于戏衣需要的旗帜、衣甲、帷帐道具，数量也相当大，因之又刺激了戏衣刺绣业的发展。北京和苏州是两个主要生产区，西南的成都和广州，也有这个企业的存在。就总的方面说来，全国刺绣需要量之大，在历史上也是空前的。土制印花布的普遍流行，有花丝绸后起的漳绒大量生产，刺绣在人民生活的需要量，还是无比庞大。除吸收了家庭妇女业余劳动大部分，都市中则为适应这个需要，生产机构还分门别类，例如衣服和佩带绣件，就各自成一种行业，各有专店出售。纯粹作观赏用的美术刺绣，由露香园顾氏绣创始，到十八世纪乾隆时期，有了新的发展。精美的花鸟刺绣，多用当时写生花鸟画家蒋廷锡等画幅作底稿，色彩华美，构图典雅，具有浓厚装饰性。花朵一部分或鸟身某部分，还穿缀小粒珍珠和珊瑚珠子，增加装饰效果。宫廷用三蓝绣配色法，也从这时期确定影响到应用刺绣一般色调和风格约两个世纪。大件如宫殿中的三五丈大毛织物龙凤绣毯，小的如洋绉绸汗巾上绣的小朵折枝花，都采用过这个以三蓝为主调的配色法。彩绣中组织规模宏大可称近三世纪代表杰作的，有故宫博物院收藏的清乾隆大幅刻丝加绣《无量寿尊佛像轴》，宽达307厘米，长达620

厘米。设计之精巧，布色之华美壮丽，都达到了近十世纪以来织绣艺术最高水平。这种织绣品的制作，必须使用大量人工物力，费时数年才能完成。又有在二丈大织金锦上，用珍珠珊瑚等绣成种种图案，作为庙宇塑像披肩的。这时期帝王日常穿着朝服，取材也极精美，刺绣花纹更加华丽炫目。有用孔雀翎毛捻线织成袍服，上缀大小珍珠作云龙花鸟的，可作一时代表。至于美术刻丝绣，则长幅山水卷子的制作，是新发展（见故宫博物院藏清孔雀羽穿珠彩绣云龙吉服袍）。到十九世纪晚期，流行通身一枝花妇女长袍料时，也有用刻金银绣法做成的（见故宫博物院藏清刻丝仿仇英《后赤壁赋图卷》、历史博物馆藏慈禧时宝蓝地金银绣整枝荷花大镶边女衬衣）。

二十世纪初，人民革命结束了最后一个封建王朝的政权，衣服制度一改，因之近三世纪以来的这个庞大刺绣业（见故宫博物院及历史博物馆藏衣料），自然即衰落下来，全国各地积累下来的万万千千精美丝绣，不是当成废物毁去就是当成废物处理，或改作其他用途。最多的是把乾隆以来流行二百年的妇女宽大衣袖部分和裙上装饰集中部分，改成小件方幅，向海外输出。在当时商人眼光看来，即是废物利用一个最有效方法，因此近半世纪中，前卅年，北京手工艺美术品输出品种中，这种改造加工丝绣品，历来都占有一个相当重要的位置，还为此产生一个规模相当庞大的改制加工行业，专做这一部门的刺绣输出贸易。一般欧洲人对于中国刺绣的印象，是从这部分作品起始的。在这个时期，京、苏刺绣业和成都广州及其他省市刺绣业，仅戏衣刺绣业还保留一部分生产外，其余当成商品生产的日用刺绣，由于需要不多，不免一落千丈。加之外来机制印花标布的推销，不仅妨碍中国纺织工业的生产，同时还把大都市仅存的刺绣行业，也大部分打垮了。大都市刺绣业虽一蹶不振，唯因外销刺激，南方又还有千万海外华侨需要，因之广东新刺绣，在出口日用美术手工艺品部门中，还占相当大比例。苏州、上海地区生产刺绣日用品，占相当大比重。枕套和观赏品镜屏类，供新家庭采购做礼品的，在国内逐渐回到一定市场。广东汕头、山东烟台的麻布茧绸单色绣和彩色挑花、贴花等餐巾、台布、睡衣等，由于物美价廉，输出生产数字，因之在逐年上升中。湘绣虽属后起，系从十九世纪末国际展出中引起注意，逐年发展，生产被面和花鸟挂屏，在国内曾有大量供销。广绣本来有个较早的传统，十九世纪以来成品习于用百花杂鸟同置一绣件中，布置设计和中国画传统要求不同，然而用针绣细密而色彩华艳，另具一种风格。到二十世纪后，这个传统风格已失去，新的外销多种多样，有一种在黑白绸地上用红色线绣小折枝满地花的，多供外销做披肩桌毯，绣法也受外来影响较大，和传统广绣风格少相似处。湘绣较先本从写生花鸟着手，唯底稿多取材于一般流行画幅，受晚清上海画派影响相当大。用色较重，针线较粗，写生中有写意底子，花色本宜于观赏挂屏的，多用于日用品中之枕套被面上，这些都指的是经常有数以千计的绣工在生产有商品性的刺绣而言。至于以新的技法，创造新的美术刺绣，个人中在这时期特别有成就的，应数十九世纪末江南女子余沈寿作的丝绣人像和其他写生花。绣像法本来传说公元前三世纪即已使用到，在蒙古汉代匈奴族贵族古墓中，曾发现在公元前一二世纪丝毛绣人像数种，就中有作三匈奴骑士形的，针线虽简单，神气却极生动。公元三世纪后的晋南北朝时，多用于佛像。《洛阳伽蓝记》曾叙述过这种用珠绣和织成佛像。八世纪后有作四天王等大绣像的。公元十世纪以来，又有在大和尚所着扁衫上绣作千佛诸神，做法事的，披上表示宗教庄严的。这种方法且沿袭下来，直到十九世纪不废。十四世纪到十八世纪，佛教密宗教佛像盛行，布色浓厚，组织绵密，用刺绣法表现，效果有极好的。十四世纪以来流行的八仙和南极寿星凑成的"八仙庆寿"因道教流行，也得社会爱好，把八仙绣像绣于帐子类做祝寿礼物的，已成为社会习惯，流行直到十九世纪，且使用种种不同绣法来表现。绣法中的堆绫贴绢法，七八世纪的唐代即已盛行，是把杂色绫绢剪成所需要的人物鸟兽花枝形象，下填絮绵，钉绣于红白丝绸底子上，形成一种彩色浮雕的效果。这种绣法用于明清两代的，多和人像发生关系，和麻姑献寿、八仙或和合二仙等民间通俗吉祥主题有关。又十八九世纪以来，妇女衣裙上绣工加多，即夏天纱衣，也有加工极细上绣团花作麻姑献寿，渔樵耕读，西湖十景，或西厢、三国戏剧小说故事，人物生活形象。虽人物大小不到三寸，也绣得眉目如生，针线一丝不苟。唯这种种多从服装装饰效果出发，极少从人物本身写真艺术出发，因此中国传统的写影法，虽流传千年不废，十五六世纪以来，还留下许多具有高度艺术水平的人物画像，却极少是刺绣表现的。直到十九世纪末，时正流行照相放大炭画法，余沈寿才用人像作题材，绣成几幅重要人像，这种绣像送到国际展出时得到成功后，余沈寿之名才为世人知道。但由于摄影艺术的进展极速，先是在放大照相上加色技术不断进展，其次是天然色彩的发明，同时油画作人像法流行，绣人像艺术，因之近半世纪以来并无发展，余氏绣法也少后继者。直到解放后，近五年来，才又有上海王氏五姐妹用剪绒绣法做人像，得到新的成功。就题材说为旧传统，就技术说则为新创造。

日本帝国主义侵略中国，引起第二次世界大战爆发时，中国沿海和内地几个地区的刺绣生产，大部分都被破坏。

解放后，人民政府对于工艺美术的发展，给予特别的重视。刺绣、地毯、烧瓷、景泰蓝、雕漆和刻玉、雕牙等，对外文化交流发生良好作用的手工艺的发展和提高，都十分关心。由调查做有计划的改进工作，近来并且进一步组织工艺研究所来促进这部门工作。就中生产地区分布特别广，种类特别复杂，从业人员数特别多，应数刺绣一项。据手工业管理处和美术服务社初步估计，仅从几个大区初步调查，直接或间接参加生产的妇女，已达十万人。因此企业的发展和生产存在的各种问题，也就格外值得重视。近数年来，由于国内外需要量日益增加，地区部门生产，因之形成一种新的高潮。而生产什么，生产设计部门如何提高，也就在各方面都成为一个问题。政府在国务院行政系统下特设立一全国手工业管理局和中央美术学院工艺系扩大为工艺学院，又另设一工艺研究所，就是企图来解决手工艺各部门的问题，而刺绣无疑是一个更加值得重视的问题。如何从现有人力技术基础上和传统优秀艺术基础上，好好结合起来，组织这部门生产，改进这部门生产，来供应国内外需要，很显明是各方面都十分关心的。

新的改进工作，有显明进步的，是现代花鸟画家的作品，已在各地区由有经验工人试验用刻丝法、结子、琐丝法、铺绒通绣法，制作出许多新作品，在国际展出中得到世界万千观众的好评。又把这些多样绣法做日用品刺绣生产，更获得广大人民的爱好。又流行于民间的各种绣法，特别各地挑花绣技法和精美图案，也有一部分起始试用到新的生产上来，供应市场各方面需要。这部分无疑还在日益扩大它生产的范围。总的说来，新的刺绣企业的前途发展是充满希望的。除企业性的刺绣外，还有长江流域及西南兄弟民族广大地区流行的日用刺绣，一般都是妇女工余的非商品性生产，其中一小部分，虽然也在乡镇市集中出售，依然近于交换生活资料形式，和大都市中集中千百工人在一定计划中进行的定量生产情形完全不同。至于农村社会主义合作化后，这些剩余劳动力的生产，是否在短时期内能组织起来，投入有计划生产，还是一个值得研究的问题。部分居住比较集中的地区，大致是做得到的。这种新的组织，无疑将可以增加大量生产，但同时也无疑是一个相当烦琐的工作。待从部分重点地区做些试验，来慢慢推动，不宜于过分冒进。

目下流行的几种刺绣，在技法上的历史考查。

绣花艺术属于世界人民共同的艺术，几乎全世界妇女都曾经投入部分劳动，并由于这种劳动和爱好，促进了它在艺术上的成就，发展出千百种不同技法。中国刺绣属于世界成就一部分，显著特征是从古以来就和丝绸同时发展，同是利用蚕丝做成的。它在公元前二世纪以前就被当作高级艺术品运往海外诸国和国内各地区，促进彼此文化交流，丰富了世界上若干古国物质文化内容，也促进了中国中心地区和西北西南边沿地区的物质交流。不仅当时价值极高的锦绣，到了西北西南各地区，同时西北高级毛织物氍毹毾㲪，西南高级棉织品白叠、阑干斑布，精细至极的麻布——筒中黄润，也到了长安，比价且不下于当时高级锦绣。因为这个彼此物资对流的关系，由于气候潮湿不易保存过久的古代精美丝绣品，在中原地区已不容易得到，在西北沙漠干燥地区，却还保藏了十分丰富可供研究的材料。例如公元前二世纪汉代的锦绣，在中国西北埋藏了二千年出土后，还色彩鲜明。即在公元八九世纪后的丝物，以目下发现情况来说，也数敦煌洞窟文物遗物和新疆出土遗物丰富而完美。其次才是保存于东邻日本正仓院一部分作品。

中国刺绣艺术造诣之精和历史的悠久，一方面和多数人力投入劳动的社会习惯有关，另一方面和政治制度结合，成为政治制度中的一个部门，生产得到不断改进和提高也有密切关系。从周代起始，练丝染色都各有制度设官分职，画绣上有专官，可知图案设计也是被十分重视的，影响到近代刺绣纹样。历史上政府有两个设计机构十分重要，一是十世纪之宋代文思院，二是十七八世纪清代之如意馆和绣局，经常都有许多专家打样设计。从现存遗物上还可看出这时期高级刺绣特别华美的风格。更重要的影响，还是流行广大地区的民间刺绣，直到如今，还保留下万千种不同精美无匹的图案和千百种不同的技法。这里仅就现在几种常用的技法，说说它的历史发展和艺术特征。

一、"琐丝法"，俗名拉琐法，用丝于绣件上作小环连续不断，即古之所谓"长命缕"。见于文献记载，为民五月做辟兵小绣件，用五色丝作五方错丝，取厌胜古吉祥意思。从汉代出土实物，我们才得知这种琐丝法是汉代一般绣法。特别有代表性遗物，是蒙古人民共和国诺因乌拉古墓中出土部分绣件和在西北沙漠地区古楼兰发现的云纹绣（见绣云袜）。这种绣法进一步发展是用琐丝法盘绕满地，不留空处理新的题材（见楼兰出土云纹绣）。最有代表性的敦煌发现的唐代绣佛和新疆发现的残余绣衣，在技法上都相同，可知当时曾极流行。这种技法到十八世纪的清代，混合用于妇女裙上刺绣，曾成一时风气，唯一般不做有规则盘绕，只是在面积较大部分，分浓淡处理。技法通名结子或打子，例如折枝花鸟挂屏，则在面头和花朵部分用结子法，其余用铺线绒绣加平金。如绣衣边或裙间画面部分花蝶，则用结子法，外沿加平金的。

二、"错针绣"，俗名乱针绣，即针法长短不一，色线不一，错综配合，使题材色彩效果增加活泼的一种绣针法。较古的材料，也应当较蒙古人民共和国境内汉墓发现的毛绣为重要。这个著名古绣件，或产生于当时胡族人民手中。中国古代黼绣法，有四种是采用这种技法，才能表现色彩之美的。现存实物较重要的，是西北出土的一串枝花小绣件及日本收藏九世纪唐代一个绣孔雀，同是用这种技法表现。宋代写生花鸟刺绣，一般多采用这种技法，而加以提炼，针丝细，配色精，因之使题材更加丰富生动活泼（见《东瀛珠光》中之孔雀绣件）。明代观赏美术刺绣，一般还应用这种技法（见斯坦因《亚洲腹地》中串枝花绣）。露香园绣成功处也在它善于采用这种技法长处。清代唯广东绣能继承这个传统（见故宫藏宋绣，《纂组英华》），不过构图不佳，就不免得混乱。近五十年来，湘绣和苏绣各具有特长，处理花鸟善于用乱针绣的，总可得到一定成功。

三、"铺绒法"，特征为擘细丝线做平面处理。在刺绣技术中似为晚出。公元十世纪以前遗物中还少见。但存最早的是明清之际材料（平纹马王堆西汉墓中已见，内棺方棋格纹绣。——王㐨注）。最先或出于闺房中绣裙和巾帕香囊小件绣品，因为技术处理宜于小而精美物品，不宜于大件。但在十八世纪以来，却大量反映于垫褥帷帐及一般衣裙上，和三蓝配色法同时得到普遍发展。从以蓝色主体的用色技法的发展，如联系其他工艺部门来分析，它较早或出现于明代，而盛行于清代。因为三蓝配色法，极显然是受流行的青花瓷影响而出，不是凭空产生的。铺绒法加进一层，只擘丝薄薄平铺材料上面，用胶棚固定，不露针脚的，名"刮绒"（以如皋冒氏刮绒著名一时）。在清代小件刺绣中虽有此格，大致因为费力多而不易好，留下成品并不多。

四、"洒线绣"，技法有两种各作不同发展，效果也不一样。现存较早材料之一种，是用双捻五色彩线，按照图样所需要的色彩平铺绣出，再短针脚把它用种种不同钉绣法固定。在这个加工过程中，使得固定一色的较大平面，形成种种不同的纹路。从技法上说，或即宋人所称的"刻色作"。起源虽不可得而知，最晚宋代绣工已习惯使用。现存材料虽然零碎，种类却极多，富于研究参考价值的，是保存在明代《大藏经》经皮封面部分的遗物。故宫所存衣料十二件，是国内仅有完整遗物。另一种"钉线绣"，俗名又叫作"钉锦"，不知起源何时，现存材料多是十七世纪明清之际的遗留。或出于民间挑花技术的发展，近代四川挑花绣材料中，犹有这种格式，清代应用较多的是夏天满洲贵族身边佩带的扇套等细活，妇女衣袖裤脚也有使用的。

五、"平金绣"，凡用金线在丝绸上做各种装饰图案和花鸟形象表现的，技术上通名"平金"。如仔细分析，则有各种不同名目。八九世纪的唐代，已约有十四种，北宋则增加至十八种，见于当时人王栐著《燕翼诒谋录》和政府禁止用金作衣裙装饰法令中。所说盘金，或指全部用金银线盘绕，指在彩绣中加部分金线。羊皮金技法也成熟于这个阶段中。平金绣就图案表现要求说来，它的产生宜在公元前三四世纪，正当金银错流行时期。使用丝织物上技术比较简易的即平金。但现存出土实物却看不出这种用金痕迹。重要原因之一，就是这个时期在生产方面，虽然已能拉成在铜镶嵌和漆器上捻金线，二世纪初年，四川成都出产的锦缎，虽有加金的记录，用的大致是金丝细条，即唐宋代人说的"缕金"，明清人说的"明金"。文献中即说到大秦（罗马）、天竺（印度）缕金织绣，成都长安洛阳等地还未有能做捻金线的。七世纪的隋代，历史文献才记载有波斯捻金线袍，由当时著名工艺家何稠仿制，精美胜过本来，中国工人才学会做捻金线法，但还未闻大量应用于一般锦绣上。唐代织锦中已发现有加金的，还近于在刻丝类织成锦中略加金饰，应用范围并不广。到唐代文宗时期，才说及玄宗和贵妃各有金鸟锦袍一件，贵重一时，文宗时一般富人家中已多有金锦。其次即晚唐到五代，诗词中关于妇女裙用泥金银绘画金绣和缕金绣的才日益增加。衣裙金绣原料，显明需要用捻金线的。从这些记载看来，捻金线技术是从波斯学来，到唐代晚年才比较普遍应用到一般刺绣上的。北宋时期明白提起衣裙服饰禁止用金已及十八种，可知除捻金线外，还有其他金片等等做法。绣金用于官品衣服部分，用来辨识爵位高卑的，是当时占有东北的契丹族建立的辽政权，官制中就全用金线绣鹅雁等种水鸟，表示尊卑。新在热河辽墓中发现的绣件，虽近于衣被类，平金技法却已提出重要参考资料。衣饰用金习惯，为女真族在北方建立的金政权加以发展，织金锦因之逐渐成为社会风气，创作出种种不同花样，发展出诸种加金技术。元代仍沿袭旧例，得到发展。这时期虽设金锦局，大量生产纳石失金锦，绣金服饰使用也日益加多。大量武装部队的旗帜，就多用彩缎加金的。明代继续这个传统习惯，在应用丝绣和服饰刺绣中，都大量使用金线加工，捻金线技术也由粗而细，日有改进。从这时期部分刻丝加金艺术品中，可以看出这方面技术发展情况，用捻金线为主要的刻金做法，也于这个阶段中成熟。清代平金绣是从这个传统技术基础上产生的。主要特征是康熙以来捻金银丝技术上有了提高，紧密匀称的细金线，影响到平金绣的成就是极显著的。其次是技法表现上的多样化。宋人所谈十八种加金法，在清代贵族妇女的衣饰上，差不多已全部用到。纯用金银细线平铺钉绣的，多如当时异常精美之金银嵌螺甸，唯在刺绣中并非主要生产，直到十九世纪晚期，才在社会普遍流行。中等人家妇女衣裙，桌椅披垫，都流行平金绣折枝花果和"丹凤朝阳"等主题。更因京戏桌椅旗帜帷帐等需要，因之平金绣在刺绣中成为一时的风气。在黑色缎子上做银线绣法，更是这一时期平金刺绣的特征。

"衲绣"，或称"衲丝"和"戳纱"，同是用方孔纱作地子材料，技术处理也相同，不同处是表现方法。同是擘丝如铺绒，在纱地刺花，凡作满地锦纹规矩花的，称"衲锦"。和织锦区别是纳用针刺而不是机织。因针路长短不同，而分纳一丝、纳×丝不同名目。如只作部分折枝或其他写生图案，余下空处相当多，则称"戳纱"（"衲绣"又叫"纳纱""一丝穿"。——王㐨注）。又京制荷包扇套小件丝绣中，一孔一针绣锦地花的，北方人又叫作"北刻丝"，表示和南刺绣用小梭织成大有区别。这种绣法和结子法，常因近于平铺万千小小颗粒而成，诸色相柔和的感觉，在刺绣技法上是两种最值得注意的技法。衲绣法在古代黼绣文彩时即已使用，在记载上比较可靠的，是三四世纪晋南北朝常称衲绣衣甲。十世纪的宋代，锦类中就有"衲锦"，用于装裱名人画。明代《天水冰山录》中衣料中，就有衲锦料子。清代有大如帐子，小如烟荷包，都有用衲锦法仿效唐宋锦缎而做的。明清两代又有各种绣纱法，不同于戳纱处，是针脚长短不一。

八、"刻丝"出于汉代之成锦法，本来是用捻紧丝线用编织法做成，从现存汉代材料和唐代材料分析，可知花纹成就和织锦提花绝不相同，即和宋代刻丝用小梭法剜织就再相连缀也不相同。小梭剜织或成熟于隋唐之际，可能传自西域，通过高昌回鹘，由古波斯传来。唐代文献记载提及二件著名刺绣，一是唐人韦端符叙述眼见唐初名将李靖所有各种衣料，提及其中一花纹奇丽，作狩猎后的锦袍，根据记载看来，它是属于刻丝法做成的。又一件晚唐诗人陆龟蒙记载所见到的一件古锦裙，内容为花树云鹤，虽认作齐梁时代南方作品，其实鸟衔花是唐代图案一种习惯，它可早到南朝之齐梁时代，而说它是唐初，和李靖锦袍产生时代相去不甚远，或较近情理。现存实物有代表性，其技法还接近唐代制作的，是现藏辽宁省博物馆，那片紫鸾鹊谱刻丝，用粉紫色底子，满作对称花鸟，鸟中鸳鸯鸂鶒（xī chì），及口衔花枝形象，都还是唐代格式。宋人记绍兴内府装裱书画有"紫鸾刻丝"，因手卷上的残余材料的发现和在北京西长安街一宋元初人墓塔中新发现，得到完全证明。刻丝法在宋进一步发展，是和宋五代名家花鸟画的结合。现存实物有代表性的，是相传北宋人仿崔白画作的《三秋图》，布色之精，画稿设计构图之秀拔，在现存同一格式的刻丝中，可称杰构。唯从制作法说，也有人以为它的时代或属晚明的。

南宋刻丝名手多在江南，以朱克柔、沈子蕃、吴煦三人最著名。作品精美多如宋人原画。元人结线较粗，用色较重，世传《八仙图》时代或较接近。明代这一部分艺术，在记载上说为普及到中产阶级日用品各部门，证明生产面已日广。就现有作品说，则艺术显然低落，正如绘画一样，设计配色都远不如宋代制作之精，宫廷用大件加金粉水椅披，用色厚重，当近于元代风格，或即元代本来图案。苏州仿名人画稿制作的册页，由于底稿敷色浅淡，笔姿柔弱，做成后艺术效果也并不高，唯现有传世宋代刻丝，即署名朱、沈、吴诸名家巨制，可能有部分就是明代制作，并非宋代旧制，例如东北收藏之《迎阳介寿图》和一二山水条幅，就作风看来，是近于明人作风的。刻丝制作达到艺术史上的空前高度水平，还是十八世纪的清代中期制作的《佛说图》，可称几幅杰构巨制。（此说辽宁省博物馆藏几幅大佛像释迦图，宽到四尺，高的八尺，藏青地。——王㐨注）据说当时是十六轴同在热河行宫中，每当重要节日同时悬挂的。帝王用刻丝蟒服的制作，也以这时期如意馆中设计图样，最富丽华美。另有绣业中人称"南刻丝"的，多指用浅蓝或水绿地子，作小折枝花的扇套香荷包等刻丝件而言，其不同于一般刻丝处，即丝经极细，花朵色彩鲜明，小朵花也做得十分生动。又晚清贵族妇女流行一种通枝花刻丝或金银长袍料，有做得极精美的。男子也时行一种满花高领库金沿边琵琶襟背甲，织锦、刻丝、衲纱材料无不应有尽有，显得花团锦簇，整体效果实不见佳。另一种用麻姑献寿、天官赐福、八仙庆寿等主题做的八尺幛子，作为一般祝寿礼物的，虽名为刻丝，其实多系在平丝薄绢上，略加规划扣出图样大样，再涂绘粉彩而成，有蓝地红地分别，蓝地的稍微精致，其他多极庸俗。

其他清代中叶以来，海外正式通商以前，即有相当数量呢绒输入，通称咔喇，宫廷及贵族家庭中地衣、炕褥、拜毯、椅披桌围、轿衣、马鞯车帘，以及婚丧大事的仪仗，无不使用，生活服饰中，风帽、披风、马褂、箭袖、外套、帽沿……也逐渐喜用咔喇做成。较精致的当时货币价值之高，远过一般锦缎。又流行各种绒类，部分来自海外，部分来自江南，生活起居用咔喇的，部分必加各种色彩刺绣。三蓝绣，又或几种绣法混合处理，在刺绣中自成一种风格。较早的多乾隆时作品，因毛织物容易被虫蚀毁坏不易保存，除故宫保存部分外，其余多已毁去无余。在中国织绣史中唯一和汉代毛织物刺绣能衔接的，出现时代却最晚，消灭时间却最早。民间毛织物中还保留一部分技法的，是北方蒙藏族使用毛毡帐幕门帘，剪黑绒，用贴花法作如意云绣的吉祥图案，和西南居住的羌、藏、彝，在粗羊毛编织物披肩挂袋等上的加工刺绣，就中最出色的，数缅边傣族做的挂袋，有的在编织色彩斑斓几何纹图案上加小小金银片和钉绣羊皮金做成图案，艺术水平格外高，成就可和贵州苗族之蜡染、海南岛之木棉编织物比美。

谈染缬
——蓝底白印花布的历史发展

丝绸印花古代名叫"染缬（xié）"，加工技术种类多，各有不同名称，后来发展成蓝底白印花布的一种，宋元时就材料说名"药斑布"，就染法说名"浆水缬"。转用到棉布印染，成一般性流行商品时，必然是在明代松江棉布大量生产以后，但其发轫也许会早至公元前，可联系到西南地区织作的白叠、阑干布上头去。白叠布用木棉织成，阑干斑布似有织有染，在汉代和西北生产的细毛织物"罽"及"氍毹""毾㲪（tà dēng）"同样受人重视。印花丝绸现存较早材料是长沙战国楚墓一件被面，花纹不详悉。其次是西北出土的一片晋代成品，上印重叠斑花，如照唐宋名称，应名"玛瑙缬"。晋缥青瓷作褐斑花的，即和当时染缬纹相通，近于仿染缬而成。

染缬的缘起，《二仪实录》以为："秦汉间始有，陈梁间贵贱通服之。隋文帝宫中者，多与流俗不同。次有文缬小花，以为衫子。炀帝诏内外宫亲侍者许服之。"此书记载史事常多以意附会，不可尽信，唯谈及染缬在六朝流行，隋代宫中受重视，还不太荒谬。《搜神后记》曾提及紫缬事。唐人记载称代宗宝应二年（公元763年），启吴皇后墓，有缯（zēng）彩如撮染成作花鸟之状。小说则以为玄宗柳婕妤妹，性巧，因发明花缬。《云仙散录》记："郭元振落梅妆阁有婵数十人，客至则拖鸳鸯缬群（裙），参一曲。"白居易诗"黄夹缬林寒有叶"，又说"成都新夹缬"，就实物和文字联系分析，可知染缬盛行于唐代，技术也成熟于唐代。唐代丝织物加工，已使用过种种不同的复杂技术，大致可分成两大类：第一类包括色彩复杂的文锦和两色花或本色花的绮、縠（hú）、绫、罗以及花纹突起的"剪绒"、薄如烟雾的"轻容""鲛绡"纱。这些丝织物除剪绒外，其余加工方法，都是在织物提花过程中一气呵成。第二类包括各种不同的"刺绣"和"贴绢""堆绫""泥金银绘画""染缬"，等等。加工方法都是在丝织物成品上或衣裙材料成品上，另外通过复杂手续完成的。

唐代中等以上人家妇女的衣裙和家庭日用屏风、幛幔，多应用染缬。现存材料有重要参考价值的，应数甘肃敦煌和新疆发现品以及日本正仓院部分藏品。从这些材料分析，得知唐代至少已有三种染缬技术普遍流行，即蜡缬、夹缬和绞缬。

一、"蜡缬"，就是我们常说的"蜡染"。它又分单色染和复色染两种。复色染有套色到四五种的。因不同颜色相互浸润，花头多比较大，无论是串枝花或团科花，构图饱满，特别宜于做幛子帘幕。元明时流行的通俗读物《碎金》中记过九种染缬名目，有檀缬、蜀缬、撮缬（即撮晕缬）、锦缬（当指方胜格子式，如旅大所藏残佛幡，现在历史博物馆陈列)、茧儿缬、浆水缬、三套缬、哲缬、鹿胎斑(即宋之鹿胎)。内中说的"三套缬",大致就指这种生产品,名目似乎也是民间通称,因为根据元明文献记载和明初丝织物分析,元明人实在已不生产这种高级印染丝绸。近来常听人说现代西南蜡染从唐代蜡缬发展而出,事实或者正相反。西南蜡染原有个更久远的传统,应从木棉织物的阑干斑布算起。唐代蜡染技术上的成就,绝非某人发明,很可能是从西南兄弟民族方面传入中原加以发展的结果。到宋代中原蜡染技术在应用上已日趋衰退时,西南民间却依旧流行蜡染,名"点蜡幔",和广西黎、瑶族精美提花棉布"黎单"同为人民爱好。又朝鲜在唐代从中国传去的染缬法,北宋时也还流行,应用到普通幛子类。《高丽图经》卷二十八:"缬幕,非古也,先儒谓系缯染,为文者谓之缬。丽俗今治缬尤工,其质本文罗,花色即黄白相间,烂然可观。其花上为火珠,四垂宝网,下有莲台花座,如释氏所谓浮屠状。然犹非贵人所用,唯江亭客馆于属官位设之。"

染缬由于技术条件限制,图案纹样和锦缎多不相同,即同一种图案和色效果也不一样。唐代蜡染的图案式样,除实物外,在绘图中还有些线索可寻,例如宋徽宗摹张萱《捣练图》中有两三位妇女衣裙,就属于染缬中的蜡缬或夹缬。《虢国夫人游春图》中也有几个骑马人衣服是蜡缬,不是锦绣。史传称:开元天宝之际,杨氏一门得宠,小器易盈,争学奢侈,贵妃用刺绣工七百人,杨氏诸姨则用金玉锦绮工达千人。记载虽容易夸张失实,但由于当时统治阶级的奢侈靡费形成一种社会风气,染缬的花样翻新,可能和这个时期关系格外密切。此外唐陶俑表现着染缬的也相当多,唐三彩常用的花斑和宋人所说的"玛瑙缬",技术处理实有相通处。敦煌壁画中佛菩萨的穿着、经变故事和供养人的部分穿着,以及藻井、屏风、幛幔上都还保留下许多重要参考材料,值得我们注意。

唐代不仅妇女衣裙用染缬,男子身上的袍袄同样有使用它的,如《张议潮出行图》中的兵卫仪从骑士,身上穿红着绿,染缬就占相当重要分量。北宋帝王出行身前有两万多御前步骑队伍护卫,照《宋史·舆服志》和周必大《绣衣卤簿图》记载,其中一部分就必须着某种花鸟兽染缬团衫。这种染缬团花小袖齐膝袄子以及花缬帽,还是根据唐"开元礼"制度而来的,可知开元时就有用染缬做军服的制度。又敦煌晚唐《劳度叉斗圣图》中几个举袖迎风的妇女和另外坐在一旁几个披袈裟的罗汉僧徒,也同样有着染缬的。女的身上所着名叫"团窠"缬;罗汉身上披的袈裟,作水田方罫(guǎi)山水皱褶纹的,照唐宋习惯应当叫作"山水衲缬"。水田衣的使用,当时算是一种时髦。

二、"夹缬"的制法,是用镂空花板把丝绸夹住,再涂上一种浆粉混合物(一般用豆浆和石灰做成),待干后投入染缸加染,染后晾干,刮去浆粉,花纹就明白现出,宋人笔记说的"药斑布",《碎金》说的"浆水缬"就指这一种。说它是蓝底白印布的前辈,大致是不错的。这样做成的染缬,花色必浅于其他部分;如用花板夹住,直接于镂空处用颜色刷染,花色就深于其他部分。后者虽也叫染缬,但材料可并不曾入过染缸(三套缬中可能也有用刷染法加工的)。这种染缬必用花板，较早的记载有北宋张齐贤著《洛阳缙绅旧闻记》称："洛阳贤相坊，染工人姓李，能打装花缬，众谓之李装花。"其次是《宋史·舆服志》载政和二年（公元1112年）诏令："后苑造缬帛，盖自元丰初置为行军之号，又为卫士之衣，以辨奸诈，遂禁止民间打造。令开封府申严其禁，客旅不许兴贩缬板。"到南宋后已解禁，所以《朱熹文集》中攻弹唐仲友文即说到假公济私，用公家缬板染私人彩帛事。又《梦粱录》谈临安市容时，说到许多彩帛铺，所谓彩帛，部分即印花缬帛。

用此法印到布上的名"药斑布"，相传出于宋嘉定中归姓，《图书集成》引旧记称："药斑布出嘉定及安亭镇，宋嘉定中归姓者创为之。以布抹灰而染青，候干，去灰药，则青白相间，有人物、花鸟、诗词各色，充衾幔之用。"（《图书集成》卷六八一，苏州纺织物名目）这种印花布，明清之际又名"浇花布"，同书"松江"条称："药斑布俗名浇花布，今所在皆有之。"

又夹缬和蜡缬用同一技术加工的，有《岭外代答》所记："徭斑布"，"徭人以染蓝布为斑，其纹极细。其法以木板二片镂成细花，用以夹布，而熔蜡灌于镂中，而后乃释板取布投诸蓝中。布既受蓝，则煮布以去其蜡，故能受成极细斑花，灿然可观。故夫染斑之法，莫徭人若也。""徭人……或斑布袍裤。妇人上衫下裙，斑斓勃蔚，唯其上衣斑纹极细，俗所尚也。"

三、"绞缬"，是把成匹丝绸或衣裙成品，照需要把某部分用线缚着、缝着或做成一定襞折，用线钉固，染后晒干，再剪去线结，就自然形成一定图案，有蝴蝶、海棠、蜡梅、水仙等等简单小簇花样。最简便的是唐人所谓"鱼子缬"，比较复杂的则为"撮晕缬"。宋人笔记所谓"撮晕花样""玛瑙缬"，《碎金》中提起的"鹿胎缬"，大都和这种染缬分不开。一般说来，绞缬做法比较简便，并且能随心所欲做成个人爱好的花样，不受缬板限制，因此在当时人应用上也就相当普遍。不过既然非商品生产，容许个人匠心独运，出奇制胜，又必然有人会逐渐把它做得极其精美。绞缬和其他染缬一样，也可使用套色加工。"撮晕"和"鹿胎"在北宋都特别提出加以法律禁止，反映出这类高级染缬，加工技术必相当烦琐，不下于套色蜡染。

"鹿胎"似以川中生产特别讲究，观史传禁令可知。《宋史·食货志》："诏川陕市买场、织造院，自今非供军用布帛，其锦、绮、鹿胎、透背、六铁、欹（qī）正、龟壳等段匹，不须买织。"又仁宗天圣时，"诏减两蜀岁输锦、绮、鹿胎、透背……景祐初……其后岁辄增益梓路红锦、鹿胎，庆历四年复减半。"

撮晕虽已知为染缬类，"鹿胎"一名过去却少有人明白是什么。从比较材料分析，可推测属于染缬，花纹属于梅花斑，以紫红为主。《洛阳牡丹记》称："鹿胎花者，多叶紫花，有白点，如鹿胎之纹。故苏相禹圭宅有之。"可知鹿胎为紫地白花。《牡丹记》又称："鹿胎红者……色微红带黄，上有白点如鹿胎，极化工之妙。欧阳公花品有鹿胎花者，乃紫花，与此颇异。"可知也有红地白斑的。又宋人著《洛阳花木记》，说芍药中有"黄缬子、红缬子、紫缬子、白缬子"四种。可知有用芍药花样的，至少且有黄红紫三色。至于白缬，注明为千叶白花，又可知花是本色，底子染绿。又"一捻红"系"浅红中有深红一点，易作缬"。《芍药谱》说，红色深浅相杂，类湖缬，得知湖缬系深浅红相杂。宋代工艺图案重写实，从这些花的著录中也可得到缬和鹿胎基本纹样若干种面貌。

又鹿胎紫的花纹，实创于六朝，相传陶潜著的《搜神后记》，就提到这种花缬："淮南陈氏于田种豆，忽见二美女着紫缬襦，青裙，天雨而衣不湿。其壁先挂一铜镜，镜中视之，乃二鹿也。"镜中是鹿，可知身着紫缬即作梅花斑。

唐代机织工人，已能够经常织造配色华美、构图壮丽的锦缎，达到高度艺术水平，且能织金锦。用小簇花鸟做主题的本色花绫，又因为和当时官服制度相关，更容易得到全面发展的机会。染缬和刺绣虽然同属于丝绸加工，在应用上却相似而不尽同。贵族妇女衣裙，歌伎舞女衣裙，凡是代表特种身份或需要增加色彩华丽效果时，服饰加工多利用五色夺目的彩绣、缕金绣和泥金绘画。这些大量反映在唐人诗歌中，从诗歌描写中考查，我们还可知道这种高级丝织物加工的主题画案，经常用的是什么花、什么鸟和某几种常见的昆虫。这些花鸟昆虫形象和表现方法，现存实物虽不够多，可是另外却留下许多十分可靠的样稿可以参考，最重要的是大量唐代青铜镜子上的花鸟浮雕。绞缬法极简便的是十字纹样，明清有的地方性纺织物中，还采取这种绞缬法加工。图案充分保留唐代风格的，唯西藏人民织造的五色"氆氇"，特别有代表性。

应用染缬在唐代既有一定程度的普遍性，它不会不影响到其他工艺部门。显而易见的是它和当时三彩陶器花纹彩色的相互关系。有些三彩陶的宝相花和小簇花，都可能是先用于丝绸染缬，后来才转用于陶器装饰的。正如同一般说的搅釉木纹陶，实出于犀毗漆的模仿。

染缬多宜于用在熟软薄质丝绸上。一般染缬多用青碧地，正如《唐史》所称："妇人衣青碧缬，平头小花草屦"，是某一时期流行制度。从出土三彩俑上还可看到一些青碧缬衣裙的基本式样。但唐人已习惯用红色，由退红（又名"不是红"，和"肉红""杏子红"相近）到深色胭脂红，红色实包括了许多种不同等级。部分花缬必然是要利用这不同等级的红色形成美丽效果的。古代红色染料主要是紫草和红花，宋代以后才大量从南海运入苏木。红花出西北，所以北朝以来有"凉州绯色为天下最"的记载。但到唐代红花种植已遍全国，四川也有大量生产，所以蜀锦多红地。其实，唐代不仅蜀锦著名，蜀中染缬也有一定地位。唐《韦绶传》就称：帝尝过韦绶院，时天寒，绶方寝，帝覆以妃子所着蜀缬袍而去。[①]白居易诗又有"成都新夹缬"句子赞美蜀缬。史称后唐庄宗派宦官白正嗣入蜀监军，还时得文锦五十万匹。后些时期孟昶投降于宋，库入绫锦彩帛数目加倍多。这是大量丝织物中的彩帛，照唐代习惯，是所谓染彩为纹的丝织物，也就应当包括有各种时新花纹的染缬。

[①]《新唐书·杜裴李韦》："帝尝幸其院，韦妃从，会绶方寝，学士郑絪欲驰告之，帝不许，时大寒，以妃蜀示颉袍覆而去，其待遇若此。"

染缬图案不断在发展中，但受材料和技法限制，照例保留下更多更美观简便的花样，到后来继续流行。唐宋过渡期在五代，陶穀《清异录》称："显德中创尊重缬，淡墨体，花深黄。二部郎陈昌达，好缘饰，家贫，货琴剑作缬帐一具。"由于爱好，甚至把穷书生的琴和剑都卖去，换一顶时新染缬帐子。这一面反映社会风气的影响，另一面也说明染缬的新花样。这种深色地的花缬，到北宋时还流行，后来被政府用法令禁止，技术才失传。宋锦中有"紫方团白花""褐方团白花"等等名目。按锦织不出这种花样，如从染缬去研究，则还有些线索可寻。《宋史·舆服志》载天圣三年（公元1025年）诏令："在京士庶，不得衣黑褐地白花衣服并蓝、黄、紫地撮晕花样。妇女不得将白色、褐色毛缎并淡褐色匹帛制造衣服，令开封府限十日断绝。"诏令中举的黑褐地白花衣服及蓝、黄、紫地撮晕花样，都明指染缬。一种日用生产品由政府用法令禁止，可知成品流行必相当普遍，生产又相当费工。

北宋染缬禁令中，还有禁止"跋遮那缬"一项，初步研究知道"跋遮那缬"指的应当是一种加金的印染丝绸。至于这种高级丝织物加工技术，是否和当时新疆金绮工有关，或者直接和隋代西域名画家尉迟跋质那——尉迟甲僧、乙僧之父有关，我们一时还难解决。这里已涉及北宋染缬问题。前边曾提到北宋在某一时期中，曾禁止民间使用染缬，市上出售装花缬板的商人也算犯罪。这种创于五代、流行宋初，深色地黄白花的染缬，因受禁止而断绝，我们是否可从别的线索得知它的花纹图案基本调子？新出土材料特别重要的，是虎丘塔中经函中发现那几片三凤团花碧罗缬经袱。因为一切还具有唐代规格。以个人意见，直接材料虽不多，间接比较参考材料最重要的还是陶瓷，例如北方山西晋阳窑，南方福建建阳窑、江西吉州窑，几种深色黑紫釉印花点碗盏，有作银星斑的，有作黄兔毫斑的，有作玳瑁皮或鹧鸪翅斑的，有作犀皮漆中波罗斑的——特别重要是吉州窑烧造的紫褐釉印黄白花鸟三凤或方胜如意的茶盏花纹，图案组织基本上还是唐代式样，和染缬完全相通。由此启示，得知当时的确必有这种深色底子黄白花的染织物存在而且流行，才同时或稍后能具体反映到陶瓷制作上。

花边

衣领襟绣用的花边,若照旧日称呼,北方叫"绦子",南方却叫"阑干",主要使用于女性衣服上,此外镜帘、桌围、帐檐、围裙和小孩子的头上兜兜帽、胸前涎围,也时常要用到,形成一种美丽装饰效果。特别是在乡村普通家机织的单色蓝青布或条子布和本色花纱绸料上做适当配合,形成的艺术效果,实显而易见。这种装饰方法直到现代衣料处理上,还值得好好注意利用它,因为不谈别的,仅仅从国民经济而言,全国年产套印五六种颜色的花布,如有一部分可改用单色或两色代替,只需加一点花边,既效果崭新,又可为国家节省染料。

花边的使用,由来已久,在古代不仅妇女独擅专利,男子衣服也必用边沿。部分统治者衣上且做得格外讲究花哨。本来作用应当是增加衣服结实耐穿,到后来虽然边必有花,并且成为一种制度,有时且和品级地位相关,虽重在美术作用,还不完全离开实用要求。从中国服装史言,历代成衣师傅都非常懂得花边在衣服上所起的良好作用的。使用花边的全盛时期，距现今约百五十年到七十年间，直到近五十年，才不再在一般女性衣服上出现。但西南兄弟民族中，到现在还十分重视爱好，有的地方还不限于妇女衣服使用，男子也乐意用它。所以成都、苏州新织的彩丝花边，目前在湖南、广西、贵州和云南各地区，都各有一定市场。十九世纪在女衣上应用花边情况，一般多宽窄相互配合，二三道间隔使用是常见格式，较繁复则用七九道，晚清用十道俗称"十姊妹"。最多竟有用至十三道，综合成一组人为的彩虹，盘旋于一身领袖间，论图案效果倒也还不坏，论实用要求，已超过需要太多。物极必反，因此光绪末到宣统时，流行小袖齐膝女衫，只留下一道窄窄牙子边，其余全废。既不再穿裙，裤脚也有加边的。"维新变法"影响到衣着，过去似乎还少有人谈起过的。

这些花边主题画，属于古典的，可以说是清代锦缎花纹的一种发展，属于新行的，虽比较接近于写生，也还并未完全脱离晚清流行绸缎花纹规模。早期常用三蓝加金，"花蝶争春"占重要地位。随后即千变万化，日见新奇，从道光以来流行的金鱼图案和皮球花为别具风格。由于加工技术比锦缎简单，不费工料，社会要求又广，因之生产上也更容易显得丰富多彩。当时出厂一般做三种包装形式，原始式多扎成一束，如在乡村零售，记得还有用双臂展平量度的，名叫"庹（tuǒ）"，还是元代计量绸缎的方法，《元典章》谈绸缎禁令时就提起过。洋行式则分两种，一种用硬纸板卷成，整数发行以板计，零售才以尺计。也有做成卷的，中心加个有孔小木轴，上贴某某洋行商标，和后来洋线轴差不多，唯卷团大约到五六寸。其实通是中国江浙工人织成的。

十九世纪中叶，正是各大强国张牙舞爪侵略我国初期，起始用武力强迫当时昏庸无能的清政府签订了一系列不平等条约，霸占了我国许多重要港口和租界，并利用租界特权和关税、传教等等特权，一面用鸦片烟和宗教双管齐下毒害中国人民，一面起始大量流入外来机织羽纱、哔叽、咔喇和棉纺织物，进行贪婪无情的经济掠夺。随后且更进一步，就租界设纱厂、丝织厂和其他出口原料加工厂，剥削万千人民累代的血汗，造成了租界十里洋场的假繁荣和藏污纳垢。因为花边流行，他们便利用中国人力、物力和美术设计力，针对社会风气，或自设作坊，或就津、广、申、苏各地丝绸行业定织各种花边，贴上"怡和""茂隆""安利"等等洋行商标，向全国运销。只是一转手间赚了许多钱去。所以这些花边也标志着近百年来被侵略和剥削的中国劳动人民血汗的痕迹。另一面则这些花边究竟还是中国劳动人民在实用美术上一部分成就。

就个人所知，最精美花边的收藏机关应数故宫，由康熙到清末近三百年来还有上千种一库房五彩缤纷好作品。虽然数量大部分大约还是晚清时。此外人民美术出版社由我经手还收集了约两千种，也有不少极别致美丽的。中央工艺美术学院约收有六百种，历史博物馆也还有一部分较精的，其中实不少可以参考取法的东西。这种装饰花纹应用面很广泛，千百种结构美丽配色鲜明的花边，既可直接使用在新的印花、提花、丝棉毛麻织物上，来丰富新生产品种内容，也可转用到其他种种需要方面。例如，糖果点心包装纸及日用搪瓷、玻璃、热水瓶、灯罩、雨伞、皮革烙印提包、塑料模印器物等等新的生产装饰图案，或放大它做成新的印花床毯、地毯、被包毯，以及提供新的建筑彩绘浮雕所需要带式装饰图案使用。还有对于千百万西南、中南地区对衣用花边有传统爱好的兄弟民族，为了满足他们爱美的要求，还可用机织印刷法作斜条密集印成新的花布，专供他们做衣边使用。目下成都或苏州织彩丝花边，下乡后零售价多在二毛到二毛五一尺，虽色彩华美，一丈三尺料总得费四五元。如印成丝光花边布，不过四毛一尺，至多有一尺七寸布可裁成斜条，使一件单色蓝青布料衣服得到非常美观的装饰效果，花个六七角钱就可以办到。两者做个比较，就可知这种新的条子花布的试生产，对于绝大多数爱好美丽花边的西南劳动妇女具有何等重要意义了。

如果多数读者认为有必要，我们还将建议轻工业出版部门或人民美术出版社和收藏机构协作，选出千把种花边，用原彩色印出来，供各方面美工同志参考。

谈皮球花

近四百年中国工艺图案中，有种不规则的美丽小团花图案，由于使用范围广，我们一见总觉得十分面熟。最常见于老式窄蔻蓝印花麻、棉布上面，做成种种不同的反映。此外在描金漆器上、彩绘瓷器上、描金和砑（yà）印粉蜡笺纸上、錾花银铜锡器物上及丝绸印染刺绣上，都可以发现它，形成一种活泼秀美的装饰效果。这些图案花朵除在印花布帐子被面上有时大到三四寸，其余通常不到一寸大小，三三两两挤聚在一处，虚空部分或用别的花草填补（如描金漆），或加花鸟蝴蝶相衬（如蓝印花布），也有仅是这种主题图案，再无其他装饰的（如珐琅彩和豆彩瓷）。图案基本形式或在圆圈内作旋回云纹，或作放射式分裂花纹，排列方法有"幺""幺二""二三"等不同处理，和骰子天九牌有些关联。照北京习惯，一般叫作"皮球花"，名称虽然有点俗气，花朵可说既家常，又别致，有些还显得天真而妩媚，充满一种青春气息，十分逗人欢喜。工艺图案中如求"古为今用"，这部分遗产，值得我们给予一点应有的注意关心，因为它和金花笺的写生折枝花异曲同工，在新的日用轻工业生产各方面，凡是需要装饰图案处，都可以加以利用。就个人认识，搪瓷、热水瓶、电灯罩、宫灯、玻璃器、瓷器、描金漆器、印染头巾、手绢、枕套、被单、桌布、绸纸伞、手提包和做衣裙料子的麻、棉、丝绸，如善于取法，都可望得到令人满意的结果。

皮球花的起源，由来已久。在商代青铜器上和白陶器上，就都有过这种回旋云纹略微凸起浮沤式的装饰图案。在安阳侯家庄出土的彩绘龙纹木雕器物痕迹上，还有用寸许大蚌壳雕成的相同团花镶嵌在上面。又青铜制斧钺上，也有这种镶嵌，可知已是三千年前一般工艺装饰。到春秋战国时，除一般小件透雕圆形玉佩青铜剑柄端，又有用雕玉、松绿石、金银错各种加工方法，做成这种圆式三分旋回云纹图案装饰的。过去通称"巴文"。至于三四百年前的皮球花纹，直接影响或出于九百年前北宋的"连钱""毬（qiú）路"锦的变格。古代连钱毬路锦，应当是满地密花，有《营造法式》彩绘和清初康熙仿宋锦可证。我们说"变格"，因为它破坏了原有图案组织的规则。宋代民间瓷最先使用这个变格图案。在丝绸上反映，河南白沙北宋墓壁画中，有个妇女外衣，又使用这种变格连钱花纹。其次山西元代壁画一个帐子上，也有相似花纹。至于做成牙牌丁拐三三两两相聚形式，在工艺品若干部门成为主题图案，时间却多在十七世纪到十九世纪之间。就现有百十种材料分析，且知道工艺美术采用这个图案，时间也有先后，并非同时产生。较早见于一个明代青花瓷坛上，约在十六世纪初期，和蓝印花布样子产生时代相差不多，可见它其实来自民间。其次表现到描金漆器上，时间似稍微晚些，约当明清之际。到十八世纪初，在"铜胎画珐琅"洋瓷上，以及"珐琅彩"瓷上，"豆彩"瓷上，都得到新的表现机会，达到艺术上的成熟期。以雍正豆彩瓷上反映艺术成就特别突出，组织健康活泼，配色明秀典雅，具有高度艺术水平。此外在描金花粉蜡笺上，也创造了些不同格式，布置活泼而新鲜。到十八世纪、十九世纪间，除粉彩瓷继续使用这种图案，产生许多作品，此外，银、铜、锡各种金属用器上，也使用过这种图案，用錾花法加以表现，并起始在丝绸中广泛应用，例如天鹅绒雕花，挽袖平金，彩色刻丝和刻金银衣料，都使用到。由于材料不同，加工过程不同，各有不同艺术成就。十九世纪下半期，流行的彩色印花丝绸、彩色印花洋布和荷花紫及竹青色本色花缎，更多采用这种图案。材料面积较宽，花头也稍大一些。这已近于曲终雅奏，此后即由盛而衰。至于同光时在蓝釉瓷瓶上加金团花，花式日益板滞少变化，既不能如十八世纪表现到珐琅彩豆彩瓷上那么秀美灵活，也不能如十九世纪初反映到丝绸上那么出众翻新，可说是这种图案在工艺应用上的真正尾声。但十七八世纪保留在蓝印花布上这个花样，却在二十世纪全国农村中还继续流行，直到现代，说明人民对它的爱好成习惯已多年。江浙和西南农村妇女，多喜欢用它做包头首巾和围裙、被面、帐子，令人眼目明爽。花朵大小随要求不同，帐子上有大到五寸的。事实上，它也比目下许多现代派或未来派的圈圈点点彩色印花布还健康美丽得多，受群众欢迎是十分自然的。

十七八世纪以来，工艺图案种类多，反映到陶瓷、丝绣和描金三大系生产上不下万千种。优秀的写生折枝，多若迎风浥露，充满青春生命。串枝花和小簇花，即作规矩花式，也依旧十分活泼美丽，而且千变万化，各有不同风格，远非当时文人画可比。过去我们对它的忽视，实由于对它的无知，而安于旧的艺术欣赏习惯，把少数为封建地主所爱好的"扬州八怪"一类文人画价值抬得高高的，却漠视人民工师这些优秀成就。特别值得我们注意的，是康雍乾三朝百年间在丝绣、瓷、漆器上的彩色或单色图案，以及在彩色纸绢上、漆器上的描金敷彩花纹，艺术水平格外高。由于当时设计工师从传统得到启发，深深明白什么是艺术效果，非常虔诚认真来处理它，因此才产生那么多富于创造性的优秀作品。即以皮球花而言，基本式样虽不出小团花图案范围，但具有高度创造热情和艺术巧思的设计打样工师，却能在小小圆圈内，加以多种不同的处理，形成各种不同的反映，再由这种小团花三三两两相聚，或花朵大小不等，或花朵色调不一，彼此相互浸润影响，因此，突破了一般团花的格式，产生出一种活泼节奏感。基本花式虽极简单，应用起来却变化无穷。我们说，优秀遗产值得学习取法，也正是这些地方。

近年政府十分重视花布生产的提高，市面常见有许多好看彩印花布，千百年轻美工同志的共同努力，贡献值得称赞。但也还有一些地区，一部分生产，依旧是圈圈点点无节制无选择地使用，而且满足于这种成就，以为是人民所欢迎的。其实这些花布，不仅缺少最低艺术效果，也实在相当浪费染料。年轻人在美术学校学印染图案，究竟跟老师学了些什么，很值得仔细研究一下。教了二十年印染图案的人之师，常说"写生变化"，提法是不错的，可是自己目前是否能一口气正确无误画得出三五十种不同品种本国好花样，再加以变化，使它更美一些，作为示范？同时又还提得出百十种出于古代老艺人手中，反映到工艺各部门的好花样，提供作同学参考？如他自己在具体实践上并没有做到这件事，花布改进一环，可能先是个学习问题。有关学习似应当首先从老师带头做起，不宜再耽误下去。因为明日一系列轻工业日用品，都需要组织健康颜色明快的好看花朵，才符合新社会人民的愉快感情。老一套教学方法，同学应当知道的多不知道，已证明不大得用。向优秀遗产学习应当不是一句空话，必须做些具体顽强努力。要自己先下点本钱，狠心踏实学几年，此后才有东西可教。已经在参加日用品设计的年轻朋友，想要突破现有生产一般艺术水平，也需要放开眼光，扩大学习兴趣，端正学习态度，素朴虚心，扎扎实实，从遗产万千种好花样中多吸取些营养，来丰富新的创造。多明白些若干年来无数老师苦心孤诣，为我们留下这一笔无比丰富遗产，究竟有些什么，又有多少还可以借鉴取法，再试来大胆运用它到新的生产各部门去，看看它的效果，是陈旧还是新鲜，才是道理！我们认为一切研究都为了有助于新的创造。目前对美工设计同志说来，敢想、敢做之外，似乎还可以补充两个字——敢学。必须"敢学"，古为今用的提法才不至于落空。

江陵楚墓出土的丝织品

去年春天，文物考古工作者在距湖北省江陵县城西北二十一公里的楚墓群中，发掘了马山砖瓦厂一号墓。初步估计，这座墓葬的相对年代当在公元前三世纪、四世纪之间，为战国中晚期，比长沙马王堆汉墓早二三百年。墓葬虽小，入土不深，却保存了不少精美绝伦的丝织物锦绣等珍品，给近代考古发现史充实了崭新的内容，对于世界文化史也是一份极其重要的贡献。

江陵位于湖北省西部，地当南北水陆要冲，是中国著名的历史文化名城之一。春秋（公元前770—前476年）战国（公元前475—前221年）时，我国南方重要大国楚国的王城"郢都"就在这里。楚国自楚文王元年（公元前689年）"始都郢"，传王位二十，延续了约四百年之久。据古代文献记载，当时的郢都"车毂击，人肩摩，市路相排突，号为朝衣鲜而暮衣弊"，十分繁荣富足。郢都旧称"纪南城"，距今江陵县城只五公里。城外分布四大墓葬群，遗留有楚国王侯公卿贵族豪富大墓约七百座，小墓以万千计，是全国重点文物保护单位之一，也是研究楚文化的一个特别重要的中心。近年零星发现的"越王勾践"剑、"楚王孙渔"戈及凤纹铜尊等，都是罕见的文物珍品。

江陵马山砖瓦厂一号墓出土的丝织品，种类繁多，有平织的各式绢、纱，有绞织透孔的罗，有多种经丝或纬丝提花织造的彩锦，有只用经丝编织的素色和有花纹的组（丝织宽带）、绦（丝织的绳），还有织成后再经加工涂饰的漆缅——一种透孔织物，以及使人叹为观止的高级刺绣织物等等。按衣着分类，则有素绢锦衣、素纱禅（单）衣、绣绢禅衣、绣绢绵衣、绣罗禅衣、黄绢袷衣、朱绢绣袴、素绢裙、锦帽、锦鞋、锦衾（被）、绣衾等二十余件。衣制一律作交领，右衽，直裾长袖，用锦、绣缘边，是人们目前所见到的时代最早、保存最完整的古代锦绣服装实物。先秦文献如《左传》《诗经》中，常有以锦作为国与国间的聘礼和以锦绣应用于衣物的记载。从文字注释和较后实物中，虽知道锦是一种多彩提花高级纺织品，但对春秋战国锦的具体知识还不多。史传又称："衣作绣锦为缘。"这在近半世纪来出土彩绘楚俑中虽常有反映，却难以理解当时衣必用锦做缘的用意。现在面对楚墓出土的实物，才明白锦属厚重织物，既文彩华丽，富于装饰效果，又耐磨损，用于绮罗作地的薄质衣料做缘边，能起骨架作用，穿着时也较多便利，这应是它在实际应用方面的意义。此墓出土的彩锦，有两类品种：一为窄筘腰机织成的"阑干锦"，用杂彩纬丝起花，在极小面积中织成不同形状规矩的图案，甚至能织出车马人物逐猎猛兽的惊险紧张场景，组织谨严，织造精工。为以往所未见，似为专供衣领边缘使用而制。一为阔幅大机织锦，有的织成通幅大单位花纹，以经丝起花，作对称规矩图案，横向分段织出双龙、对凤、对虎以及双人对舞等不同纹样。这些，和近代湘西苗族、土家族妇女的某些织造方法大同小异。至于那些绣衣绣衾图案主题设计，虽和楚漆器及铜镜纹样上经常使用的龙凤云纹近似，但内中一件，用红黑两色搭配，绣成两两相对的虎形，与两龙一凤交互勾连，凤冠特大，作侧面钟形"郁金香"花式，整体形成一种壮丽无比的效果，更显出当年绣工设计的巧思和艺术创造上的活泼大胆。绣件针法虽为西周（公元前1046—前771年）到两汉（公元前206—公元220年）常用的"锁丝法"，但在技术处理上却非常细密精巧。绣线色彩有的至今还十分鲜丽，如绛红、紫红、朱砂红、金黄、蓝、绿、黑、白等；其他可辨识的还有土黄、灰绿、深浅棕褐等色。玄黄陆离，配色复杂，对比衬映恰到好处。从这份刺绣遗物上，我们才进一步明白，古称"珠玉锦绣不鬻于市"，禁止作为商品应市的深一层含义。因为如不是在春秋战国诸王侯贵族兼并时期，还保留周代半奴隶制性质作陪媵随嫁的大量针黹（zhǐ，用针做活）女奴；另一面又从长期兼并战争中掠夺得来更多的长于织绣的工奴，实不可能用如此大量劳动力生产这类特种工艺品。

此外，同墓出土的还有一件半规形短柄竹扇，用朱墨二色漆篾编成精美图案，也是迄今为止考古发掘所见保存完整而又最古的"便面"（即扇子）。出土的若干铜器，擦去附着物后，光亮如新。另有四件高约六十厘米，身着紫绢绣衣的少女木俑，面目描绘文静秀美，也为一般楚俑所少见。随葬漆器虽然不多，却是以往出土同类文物中的稀有精品。

这些重要发现，可充分说明战国时期楚国劳动人民在手工业工艺品生产各部门的高度成就，给文物工作者以崭新的启发。

关于天王府绣花帐子的时代及其产生原因的一点意见

在重庆博物馆收藏鲍超所得的太平天国天王府的旧式架子床用的绣花绸帐,是在浅蓝色湖绉(绸)地子上,用双面铺绒彩绣法做成的。图案为清代习见的"丹凤朝阳",布置方法是中间祥云捧日,两旁凤穿牡丹。

凤穿牡丹主题画,虽成熟于宋代,至于本绣件作立凤式反映于画面似只从明代起始(作者似为林良),盛行于清初,屏风、大瓷瓶、绣件上均有出现。《五伦图》则为"百鸟朝凰",凤凰常立于桐荫下。清初盛行,尚包含有政治阿谀,到较后反映于普通工艺品上,即已失去封建尊严,而成为夫妇和好吉祥象征。例如,外销嫁妆货粉彩大瓶、大罐和镜帕绣花、民间印花布门帘等上面的应用,都毫无禁忌,有大量实物可以取证。帐顶用生丝绢绸做成,加彩绣中作"双双如意",四围作"八宝云蝠"。帐门上部和帐顶相接处,刻有二三寸长方形阳文正楷图书若干个,浅米印色。

帐子由四川重庆博物馆文物征集组从本市旧物寄卖行买来，因根据帐子上图书应系鲍超或其家后人收藏，经过鉴定，认为应属于太平天国文物中织绣一级品，并且已于一九五九年收入罗尔纲先生编印的《太平天国文物图录》中。唯原材料是水蓝色，图录彩印地子误作水绿色和本来已不符合，彩绣部分凤冠凤尾采用洋莲紫色和鉴定时代具有密切关系，图经缩小，也未能较好反映出来。若仅据本图判断，实难于得到正确印象。若就实物各方面加以分析，所得结论，即大不相同。

据个人愚见，帐子做成的时代，似有可以商酌处，值得专家注意，特分别写出来供各方面参考。错误处并盼得到同志们加以指正。

一、图案有些不伦不类，殊可疑。一般近代文物鉴藏，似尚从未见采用这个格式。若在清代加特制图书，则不可能于图书上有"天王"字样。鲍超为参加维护摇摇欲坠的封建清王朝的曾国藩集团一个将官，屠杀当时太平军相当出力，可说是忠于满清王朝的官吏，哪里敢做此事，实近于辛亥以后，太平天国文物不再为禁忌，且起始有人收藏，能够产生一定货币价值后，好事者有意伪托而做。伪托者即或真姓鲍，且有可能就是鲍超子孙，但还是无从证明这件帐子即得自当时天王府中。因为产生时代看来偏晚，在四川地区，大致有五个时期，这种伪托太平天国特别文物会出现。

1. 辛亥以后川中军人参加同盟会的不少，对于这类文物都会引起兴趣，若他人送礼收藏下来，成为随时可供宾客欣赏之物。或明知是伪，如当时之石达开诗歌，也无所谓。即伪，客观上也能产生一定作用，收藏者则得到一定满足。

2. 时间略晚，一些外国文化骗子，例如华西大学教师和基督教牧师，除本业以外，即多从事盗窃中国文物。遇到这类伪文物，也会花一点钱予以收购，自矜高明，主要打算还是带出国外尚可赚一笔钱。

3. "洪宪"以后，川中大小军阀迭兴，各拥部分实力，占据一定地方，鱼肉人民无所不至。这些大小军阀，多有钱有势，且常是青红帮龙头，会道门会首，三位一体。或甲第连云，姬妾数十，满足于土皇帝骄奢荒淫生活。或力图时髦，做洋房花园，家设网球场、游泳池。有的且欢喜附庸风雅，收集古董字画，真伪不分，且多以奇、怪、稀见为快意。或自己间或也动动手，磨一斗墨，挥如椽笔，写一笔体的大"虎"字，或写对联、扇面，赠赏部下，满足"风流儒将"称呼。在这种情形下，善于诪张为幻的川中市贾和堕落文人，或为赚钱牟利，或为阿谀逢迎，都有可能利用晚清材料，盖上伪刻图章，辗转成为当地这种土军阀兼大地主家中宝藏。土改后才散出市面，当成废品出售（此外南北军阀共同爱好，则常有关云长灯下读《春秋》画像和伪托岳飞《出师表》，盖上拳大鲜明如新朱红印，可和张宗昌写虎字、吴佩孚写对联及从会道门方面会首扶鸾诡托吕洞宾、济颠和尚特赐飞白书大轴字等量齐观，同样能满足这些军阀生命空虚情绪）。

4. 时间再晚一些，即抗日战争爆发以后，成千上万大小军官逃亡四川。这些人在江西和红军作战时就多以"曾左复生"自命。文职官僚也不乏人欢喜玩古董，充内行。古董商为投这些有钱有权而又无知、欢喜附庸风雅的军阀官僚所好，自会把这类成于晚清或原属于本地大地主、土老财纳宠嫁女订制的旧帐子，盖上几方伪刻图章出售于人，作为捐官、纳贿、说情、拜寿礼物，哄这些"再世曾左"开心。费事不多而效果却显然必大。

5. 时间再晚一些，即抗战末期，美国军事顾问和其他经济文化有关人员，到重庆长期住下或短期来往的日益加大，多挥霍美元，收买中国新旧绣货，好坏不分，一律都要。很多出国的中国官僚使节，也同样想带点这些东西出国发洋财、捞点油水。借送礼为名，大买绣货。各因所好，不仅使成都重庆平时以绣戏衣及地主嫁妆货为主的刺绣业一时间生意兴隆，旧的晚清衣物和某些戏衣也有机会得到新的市场。这类帐子盖上图章，专为哄这类人而出现，或送出国外，几经转手，当成文物陈列于国外博物馆的，也就不少。

总之，作伪必有一定条件和对象需要才会产生。辛亥起近半世纪中，大致不外如上五个不同时代，五种不同对象，能促成这种伪文物出现。

二、除图章外，从某些方面可以证明这种帐子和太平天国无关，而近于伪托。

1. 材料时代殊可疑。这种浅蓝湖绉，虽乾隆时即已有生产，通称"洋绉"，后名"春绸"，材料织法大同而小异。花纹图案作水云纹加皮球花，一般都只在晚清同光时才流行（民初还有生产）。

2. 刺绣章法用料殊可疑。绣用"铺绒法"做双面绣，晚清裙子间"马面"部分,苏绣、广绣均多有同样绣法,但润色法为"三蓝"石头,一般绣件尚规格谨严,层次分明,且不会随意滥用白色线,任意变通。帐子如属天王府中物,大面积配色,更必遵守一定严格传统规矩。此绣面上三蓝润色,却极苟且草率,当时即稍讲究的戏衣,也不容许如此马虎。又当中五色祥云捧日,云的配色和日头平金出焰,都做得不入格。顶上八宝如意配色,且更俗恶,只能是出于晚清民国初年川中专做戏衣或嫁妆货以及妓院中绣货等作坊之手,不可能成于有优秀传统的江南绣工。因为到同治时,苏宁织造做的刻丝即尚具嘉、道风格,有大量实物保存于故宫。

3. 帐顶材料近生丝绢纺,也是晚清到民国初年川中产品。

4. 刺绣配色使用"洋莲紫",时代显明较晚。洋莲紫来自海外,使用它较早必不外沿海的广东和江浙。洋莲紫施用于广绣,多在晚清光绪时,故宫有大量实物可供比证。薄质多彩小花广州缎子,有洋莲紫花朵的,也多产生于光绪时,故宫实物亦不少,京、苏正规大件刺绣,间或出现洋莲紫,也多成于晚清慈禧专政时期。这种染料在内地使用,只能还要晚些不会更早。这种外来染料早期或属英商,后来多属德商礼和洋行经销,和德国侵略中国有密切联系。抗战时,笔者由京逃亡南行,路经烟台即同当地一老商人谈及,他是随德人先到青岛,眼看青岛由渔村发展而成为一个现代都市。他后即供职于德颜料商行。欧战发生,德商回国参战,才接手经营,因而发财成为烟台巨富。化学染料影响到我国丝绸刺绣用色,极其显著处是在光绪时期,从广绣、广缎可以证实。到四川使用,必更晚一些,应当在庚子以后。汉口重庆有外商经营染料，占有长江中上游广大市场时，才会出现。而一般刺绣上配色杂乱无章不美观，恰恰也正是这个时候。即以特别精细见称的广绣，也由于莲紫和棕色线的运用代替三蓝作石头，颜色极不调和。

5. 帐顶用二如意交叉，此种通俗吉祥图案应用寓意为"双双如意"，也是晚清流行。帐顶使用它，配色却又十分庸俗。能应用这种帐子的，似不外川中土财主纳宠、陪嫁，此外即属成都重庆商业都市高等妓女房中物。说是南京天王府中用物，无一条件适合，且不免近于亵渎。

唯一可能，即是在这个革命风暴席卷长江南北十多年间，封建清王朝二百年一切政治上、经济上的规章制度，都已被革命势力摧毁打破，工艺方面也显明受了较大影响。太平天国当时既设有女营，内中妇女多随同革命势力发展，来自长江中部诸省和两广民间妇女。绣帐若成于女营平民妇女之手，即或在天京生产，突破苏绣构图配色一切传统规格制度，独自创造成这个别具一格的东西，也说得通。但和材料用色时代还是有一定矛盾，不易符合。以故宫数以万千计的清代织绣品而言，从统计上分析，洋莲紫代替粉紫、胭脂红和真紫，均多在光绪以后。广绣应用可能略早一些，也不及同治以前。四川织的团花寿字穿绒缎子，为清末宫廷流行旗袍料子，花上用的荷花紫，也即属于洋莲紫淡色而成。更何况民间刺绣多属业余艺术爱好，而非商品制作，当时对于配色构图精细认真处经常即高过都市商品，小件绣且有高过宫廷服用的。所以即假定成于女营一般绣制，也就当比这种帐子制作还好一些（有关颜料入口品种问题，同治、光绪年间海关进出口报告册子和当地部分经营颜料业的老商人及绸缎店老商人、刺绣业老工人，如能进行些探查咨询工作，应当还可得到些极其有用可供参考的证明）。

在喧嚣的世界里,
坚持以匠人心态认认真真打磨每一本书,
坚持为读者提供
有用、有趣、有品位、有价值的阅读。
愿我们在阅读中相知相遇,在阅读中成长蜕变!

好读,只为优质阅读。

古衣之美

策划出品：好读文化　　　　监　　制：姚常伟
责任编辑：李艳芬　　　　　　产品经理：程　斌
特邀编辑：云　爽　　　　　　营销编辑：陈可心
装帧设计：左左工作室　　　　内文制作：鸣阅空间

图书在版编目（CIP）数据

古衣之美 / 沈从文著. -- 北京：北京联合出版公司，2023.11
ISBN 978-7-5596-7225-4

Ⅰ.①古… Ⅱ.①沈… Ⅲ.①服饰文化－中国－古代－文集 Ⅳ.①K875.24-53

中国国家版本馆CIP数据核字（2023）第176764号

古衣之美

作　　者：沈从文
出 品 人：赵红仕
责任编辑：李艳芬

北京联合出版公司出版
（北京市西城区德外大街83号楼9层　100088）
北京联合天畅文化传播公司发行
北京美图印务有限公司印刷　新华书店经销
字数200千字　840毫米×1194毫米　1/32　8印张
2023年11月第1版　2023年11月第1次印刷
ISBN 978-7-5596-7225-4
定价：59.80元

版权所有，侵权必究
未经书面许可，不得以任何方式转载、复制、翻印本书部分或全部内容。
本书若有质量问题，请与本公司图书销售中心联系调换。
电话：010-65868687　010-64258472-800